MW01644238

Mr. Healer

El Sanador

Michel Tessier

michel@tessier.biz

Traducido por: Catalina Ramelli Prati

Ilustración: Vincent Le Bee

POR EL MISMO AUTOR

En francés:

- Itinéraire d'un Amendement Voté
- L'Élevator
- Wagon
- Sagamore le Dossier After Shave
- Mr. Healer
- Un Amour de Football

En inglés:

- Wagon, English Version
- Disability Rights 1985-2005 The Breakthough Years
- Mr. Healer English Version

BIOGRAFÍA

Nacido en París, Michel Tessier comienza como fotógrafo de prensa y viaja mucho, a veces a zonas de guerra.

Su carrera lo lleva al mundo de la moda, donde trabaja para muchas revistas y agencias de publicidad.

En octubre de 2010, Michel Tessier publica su libro: **"Itinéraire d'un Amendement Voté" ("Itinerario de una enmienda votada"),** publicado por Jérôme Do Bentzinger, finalista del Premio Edgar Faure. Cuenta la historia de la larga y dolorosa lucha de una familia que, con la ayuda de asociaciones y funcionarios electos, inició una ley aprobada en pro de la escolarización de los niños discapacitados y los asistentes en Educación Especial.

En marzo de 2011, Michel Tessier publica un segundo libro con Jérôme Do Bentzinger: **"L'Elevator" ("El elevador"),** una comedia ambientada en el mundo del fútbol desde Marsella hasta París, que reflexiona acerca de "vivir juntos" en este mundo de diversidad.

En enero de 2012, Michel Tessier publica su tercer libro. **"Sagamore Le Dossier After Shave" ("Portafolio para después del afeitado"),** de Ediciones Artalys, la historia de un chamán que usa sus extraordinarios poderes para ayudar a la policía a atrapar a un asesino en serie.

"Wagon" ("Vagón") es el cuarto libro de Michel Tessier publicado por Jérôme Do Bentzinger y el primero traducido al inglés y también publicado en Amazon en enero de 2018. Un viaje con los abuelos de Michel Tessier desde el Rafle du Vel d'Hiv hasta Auschwitz.

En noviembre de 2019, Michel Tessier publica su quinto libro en inglés en Amazon.com. **"Disability Rights 1985-2005 The Breakthough Years" ("Derechos de los discapacitados 1985-2005, los años de avance"),** un inventario de los derechos de los discapacitados en Europa y los Estados Unidos.

"Un Amour de Football" ("Un amor de fútbol") es una comedia romántica y deportiva, su sexto libro, publicado en noviembre de 2020 en Amazon.com.

"**Mr. Healer",** su séptimo libro, publicado en francés e inglés, nos lleva al mundo del sanador. Sus prácticas y espiritualidad se nos revelan en su totalidad.

En reconocimiento a sus acciones como autoridad en materia de discapacidad, Michel Tessier fue galardonado y recibió del presidente de la República Francesa la distinción de: "Chevalier de la Légion d'Honneur" **(Caballero de la Orden Nacional de la Legión de Honor)**

Michel Tessier vive en los Estados Unidos de América.

Cuando ya no tuve nada que perder, lo obtuve todo.
Cuando dejé de ser lo que era.

Me encontré a mí mismo.
Cuando experimenté la aceptación total,

Fui libre de recorrer los caminos de la energía...

PRÓLOGO

A menudo me preguntan:

¿Cómo empezó?

¿Qué pasaba cuando yo sanaba? ¿Cómo recibía yo estas intuiciones?

Quería contarlo, dar respuestas usando la entrevista para crear un diálogo.

Elegí a Anna, este personaje que creé, pensando en mi madre (pero tal vez existe en un mundo paralelo) para escribir este viaje iniciático en los mundos de la energía.

Las historias de curación son verdaderas, los nombres y lugares han sido cambiados.

Heredé este regalo de mi abuelo, David, el padre de Anna, mi madre.

Aunque haya partido ya hace años, el diálogo entre ella y yo nunca termina.

En algún lugar de este mundo sobrenatural, mi padre, Maurice, nos mira con el infinito amor que tenía por mi madre y por nosotros, su familia.

Cuando nos dejó a los noventa y ocho años, me dijo:

"Hijo, no se trata de la edad, se trata de la energía".

Este libro está dedicado a ellos. La muerte se los ha llevado, pero en mi corazón siguen vivos.

Michel Tessier

1
SEÑOR Y SEÑORA

—Señor, ¿cómo empezó?

Sentados frente a frente, yo había puesto mi teléfono móvil en la mesa, dirigido hacia él.

—Gracias, señora, por no grabarme, filmarme o fotografiarme. Tome notas si quiere…

—¡Ah, por supuesto! No se preocupe. Entiendo, como quiera— le dije.

Estaba avergonzada, es cierto que podría haberle pedido permiso, esperaba que eso no dañara nuestra relación, pero su cálida sonrisa me tranquilizó.

—Hace mucho tiempo, fue ayer o mañana— me responde Mr. Healer con un guiño—, estábamos conduciendo, llevaba a una amiga a su casa. Al llegar, nos detuvimos frente a la entrada. Estábamos mirando el cielo lleno de estrellas y nos preguntábamos: ¿era un satélite, una estrella fugaz o un simple ovni?

»De repente, me dice: "¡Me duele la cabeza!"

—Pero, ¿qué pasó? — le pregunté.

Él se quita las gafas oscuras y se frota los ojos, supongo que para recordarlo mejor, porque mi padre solía hacer el mismo gesto.

—¡Ella sujetaba sus sienes, con lágrimas en los ojos! —dijo—. Mi mano izquierda fue automáticamente a su frente, y la derecha a su cuello.

—¿Sin moverse? —le digo.

Me responde:

—Mis manos describían círculos en el sentido de las manecillas del reloj, la Tierra alrededor del Sol; la luna, alrededor de la Tierra.

—La Ley de Atracción Universal, como el libro «El Secreto de Ronda Byrne», ¿no es así? Entonces, ¿qué pasó?, ¿qué pasó?

—Con mis manos, el dolor desapareció —me dice con seriedad.

Había tratado de impresionarlo con «El Secreto», ese «Best-Seller» que leí en el avión. Me pareció una buena preparación para esta reunión, un buen tema para una sesión de preguntas y respuestas…

Pero no hizo ningún efecto en él. Sin embargo, me había gustado e incluso había pedido el siguiente: «El Poder», cuyo resumen me había seducido. Era exactamente lo que necesitaba…

"Una salud perfecta, relaciones increíbles, una carrera que amas, una vida llena de alegría, con los medios financieros para llegar a ser, hacer y tener lo que quieras, todo emana del Poder."

Estaba conflictuada cuando reanudé la entrevista.

—Ha estado curando a la gente desde entonces, señor, ¿no es así?, ¿cómo explica eso?

—¡Son mis manos las que curan! —dice, riendo y levantando los brazos en el aire—. Yo solo soy quien las lleva.

»Mis manos emiten un flujo magnético que se fusiona con los átomos de mis pacientes al nivel más íntimo, rastreando y revitalizando la partícula durmiente o esclerótica, incluso en personas muy jóvenes.

—¿Y qué pasa entonces?

—Esta fusión devuelve el equilibrio a las diminutas conexiones energéticas del cuerpo y a las conexiones del aura, limpiando los chakras -verídicos centros de energía en el cuerpo físico que atraviesan el cuerpo etérico-.

—Pero explíqueme, señor, ¡suena complicado!

—Siempre es complicado explicar lo que es natural, pero para hacerlo simple, el resultado es una limpieza de los órganos que permite que la energía acceda libremente a ellos. ¿Está más claro así?

Tenía un tono divertido mientras sorbía su café.

La gente pasaba a nuestro alrededor. El día estaba bonito. Una suave brisa traía el aroma del océano cercano.

Me había dado cita para almorzar con él en un café en la calle peatonal. Estábamos sentados en la terraza, protegidos del sol bajo grandes parasoles.

El Sanador, aunque centrado en nuestra conversación, seguía viendo pasar a la gente. Bebía café negro.

El personal del restaurante lo conocía bien y le mostraba respeto.

Mr. Healer me impresionaba, lo notaba y parecía divertirse con mi timidez o, por el contrario, trataba de tranquilizarme.

—Sí, señor, eso está mucho más claro, gracias. Debo decir que es obvio para usted, pero para mis lectores y para mí, es una zambullida en lo desconocido.

—¡Tiene razón, señora, seré más específico! ¡Ah, palabras! ¡Siempre las palabras!

Se volvió a poner las gafas de sol y reanudó la conversación:

—En unas pocas sesiones, se reconstruye el equilibrio y la energía fluye íntimamente, saciando la sed del cuerpo y el espíritu. Se devuelven al aura sus colores, restaurando la vibración de los chakras y desentrañando los desórdenes que, al interior de la molécula, causan ansiedad, malestar, estrés, enfermedad y otras cosas.

Iba a hacerle una pregunta, pero se adelantó a mí como si supiera lo que le iba a preguntar.

—Para ser muy claro - y esto es muy importante- nunca le digo a un paciente que interrumpa el tratamiento recetado por un médico. Yo sano a los médicos y remito mis pacientes a uno cuando se necesita. Dicho esto, responderé a su pregunta: la energía transmitida a través de mí (también llamada magnetismo) revitaliza los chakras y devuelve la energía al cuerpo de las personas que sufren diversas dolencias, no para curarlas, sino para ayudarlas a curarse a sí mismas.

»La *autocuración* es el objetivo que deseo lograr para mis pacientes.

—En su opinión, señor, ¿cree que todos los sanadores tienen el mismo objetivo?

—Cada uno de nosotros es diferente y no hablaré por los demás.

»Curanderos, magnetizadores, sanadores de huesos, zahoríes, maestros de fuego, radiestesistas, etc. En mi caso, este *don* es de la familia, heredado de mi abuelo, que lo tenía de su padre, y así sucesivamente desde los albores del tiempo; puedo volver sin duda alguna al siglo XVIII con un antepasado que fue famoso en su tiempo.

—¿Puede darme su nombre?

—No, lo siento, pero prefiero mantenerlo confidencial. No quiero que mi antepasado se convierta en objeto de investigación y controversia.

—Entiendo, señor. Pero ¿cómo explica que usted reciba este *don* y yo no, ¿por ejemplo? Es un poco frustrante, ¿no? Me apasiona el mundo desconocido que me está describiendo.

—Oh, sí, lo sé, señora. He leído sus artículos y especialmente su última novela, que me ha conmovido mucho. Me hubiera gustado tanto tener su *don* para la escritura… Por eso acepté que cuente acerca de mi *arte*.

»Entonces, digamos que no todos pueden ser sanadores, pero tampoco escritores…

—Habla de su *arte*, ¿se considera usted un artista?

—Digo *arte* porque me gusta la definición: "*El arte es, a la vez un medio y su propio fin*".

»¿Conoce el viejo adagio "*El fin justifica los medios*"? *Así* es el *arte* de los curanderos.

»*No hay camino para la curación, la curación es el camino.*

—Gracias, señor, es muy evocador. ¡Pero no ha respondido mi pregunta! ¿Por qué tiene usted este *don* y yo no?

El Sanador me mira con una sonrisa enigmática.

—En realidad, no tengo una respuesta a su pregunta. Aun así, ¡he investigado! Me lo he preguntado durante mucho tiempo, pero honestamente, no lo sé. Dejo que mis manos sean guiadas por el misterio de la vida, el canto del mundo, el gran espíritu... ¿Es Dios? ¿Es la naturaleza, de la cual nosotros somos las hojas del árbol? La nube blanca que da vida al cielo a veces demasiado azul.

»¿Tenemos que explicarlo todo? ¿Intelectualizar lo que está fuera de los diccionarios, lo que no es académico? No obstante, en efecto, debemos tratar de poner nombres comunes a lo innombrable. ¡Palabras a lo indecible! Concreto sobre lo abstracto. Vaya a explicar el amor, por ejemplo.

Me había impresionado y se me debe haber notado en la cara. Sabía que no podía ocultar mis emociones. Era una jugadora de póker muy mala, aunque cuando fingía, me veía tan ingenua que a veces funcionaba.

—Así que, señora, fui a su territorio. ¡Intenté mi mano en la literatura! Depende de usted convertirse en una «bruja», es muy fácil de aprender, ¡créame!

Estaba bromeando, por supuesto, aunque con él, ¡nunca se sabe!

Le respondo: —¿Un hada madrina? ¡Sí! Me gustaría eso, pero ¿una bruja? ¡Oh, no, eso no! Como usted dice, señor, estamos en el terreno de lo abstracto, ¿podría darme un ejemplo concreto?

Estaba comiendo un delicioso tártaro de atún, apenas picante, acompañado de una copa de vino blanco, su sonrisa me tranquilizó. Estaba bastante deslumbrada y él lo sabía.

Se quita el sombrero y lo pone sobre la mesa.

—Le gustan las historias, ¿verdad? Creció entre los libros, su padre era un gran editor de revistas. Siguió sus pasos, ¿cierto?

—Sí, en efecto, señor. Pero ¿cómo lo supo?

No me respondió. Parecía fascinado por un par de ancianos que pasaban frente a nosotros.

El Sanador los miró durante mucho tiempo.

Le pregunté:

—¿Está viendo algo especial?

—¿No lo ve? No, claro que no. No puede.

»¡La *Muerte* los sigue! Caminan lentamente con ritmo, un brazo encima, otro debajo, narrando sus vidas a la *Muerte* que los está observando.

»Las alegrías y las penas, los viajes, los nacimientos de sus hijos, la muerte de sus padres, sus luchas para ganarse la vida y mantener a sus familias. ¡La *Muerte* los sigue! —repitió—. Ella esperará respetuosamente, hasta que terminen de danzar sus vidas en este mundo, para apoderarse de ellos.

Me impresionó lo sensata y respetuosa la forma en que narró esa escena.

—¡Es muy fuerte y muy hermoso, señor! Suena tan real al escucharlo. ¡Pero no me ha contestado! ¿Cómo sabe de mi vida?

—¿Cómo conozco su vida, señora? ¿Qué esperaba? Algo sobrenatural, ¿verdad? Bueno, pues no, ¡simplemente tengo Internet! La busqué en Google y la encontré.

¡Su risa era contagiosa y es cierto que esperaba una explicación de otro mundo! Me había condicionado con su historia sobre la pareja de ancianos…

La tarde empezaba a caer de repente, como lo hace en los trópicos, y la expresión «Happy Hour» -aparte de las tarifas especiales en la comida y el alcohol- adquirió todo su significado. Una suntuosa puesta de sol irradiaba el cielo con toda la gama de malvas y naranjas salpicadas de oro, iluminándonos. Mientras el *Gran Artista Celestial* se hacía más presente, el silencio cayó sobre la terraza, dejándonos a todos fascinados por tanta belleza. Este silencio fue fracturado rápidamente por las sirenas de la policía y los bomberos a dos calles de distancia.

Había caído la noche, y las luces de colores de los vehículos de emergencia iluminaban las fachadas de los edificios.

El Sanador reúne sus dos manos en forma de oración:

—¡La pareja de ancianos! ¡Terminaron su danza, la *Muerte* se los ha llevado!

Lo miré aturdida, tomé mi bolso, me levanté y corrí hacia las luces rojas y azules, maldiciendo mis zapatos de tacón, con suelas tan rojas como mi lápiz labial, y mi distinguido vestido blanco que me había puesto para impresionarlo.

—Son ellos, están tirados en el suelo. Los rescatistas, arrodillados a su lado, descubren que no hay nada más que hacer. La policía mantiene a raya a los transeúntes.

Mr. Healer me toma del brazo y se vuelve a poner el sombrero.

—¡Mire! —me dice— ¡Están sonriendo! Los policías hicieron una guardia de honor para ellos, los rescatistas los separaron, pero se fueron juntos, su vida debió ser hermosa, la *Muerte* los reunió para su último viaje al otro mundo.

Observo al Sanador. Alto, robusto, con un hermoso porte. El sombrero de Panamá con la cinta negra en su cabeza dibuja una sombra y esculpe su rostro, realzando el resplandor de sus ojos grises con brillo dorado.

Su pelo blanco revela una edad avanzada, y de repente, la presencia de mi difunto padre se refleja en él, mi brazo va naturalmente a tomar el suyo y así volvemos silenciosamente a la mesa donde nos esperan mi plato y su café.

Las luces de la ciudad se encienden, extraños ojos alienígenas iluminan los oscuros rincones y recovecos creados por el mobiliario urbano.

2
EL AURA DE SANDRA

—¿Conoce al escritor Carlos Castaneda? —me dice.

—Puede que le sorprenda, señor, pero sí. Mi padre tenía una pasión por la cultura precolombina y las historias sobre los aztecas. Teníamos todos esos libros en casa.

Es una lástima, pensé. Estuvieron todos esos años delante de mí y nunca los leí. ¿Debería decírselo? Esperaba haberlo impresionado. No, no se lo diré.

—Muy bien. ¡Entonces usted los conoce! Debe haber leído sus libros —me dice con un guiño—. Su mentor en la brujería, Don Juan Matus, era un indio yaqui. Los aztecas afirmaban ser descendientes de los toltecas, llamados los *maestros constructores* en el origen de todas las civilizaciones amerindias. Sin embargo, solo los yaquis descienden directamente de los toltecas.

Le respondo con una voz extrañamente aguda:

— ¿Los toltecas? ¡Conozco los cuatro acuerdos! Recuerdo el libro del chamán Don Miguel Ruiz:

»"Que tu palabra sea impecable".

"Pase lo que pase, no lo te lo tomes personal".

"No hagas suposiciones".

"Haz siempre lo mejor que puedas".

—De hecho, señora, incluso encontró un quinto acuerdo —me dice—.

"Sé escéptico, pero aprende a escuchar".

»Siempre es importante leer libros, especialmente los que tratan de desarrollo personal…

»En uno de los libros de Carlos Castaneda, dice:

»"Para mí, solo existe el recorrido de los caminos con corazón, cualquier camino. Ahí es donde viajo y para mí el único reto es recorrerlo todo. Así es como trabajo, observando sin cesar, hasta perder el aliento."

»¿Quiere un ejemplo para su artículo?

—Sí, para mi artículo. Pero ¿sabe? ¡también podría ser un libro! —le dije, con la esperanza de motivarlo—, ¡un libro solo sobre usted!

Supongo que no esperaba tanto.

Mi padre practicaba mucho este tipo de adulación en su negocio y había hecho una fortuna en la edición.

—Sí, ¿por qué no? Hablaremos de ello más tarde, pero mientras esperamos el Premio Pulitzer, tome nota.

Su tono era firme, indiscutible. Saqué de mi bolso un cuaderno negro en espiral y un bolígrafo. Con mis gafas, debí haberme parecido a la estudiante de la facultad de letras que fui años atrás.

Sonrió y se tomó el tiempo de terminar el café fresco que la camarera acababa de servirle. Fue tan simpática que me sorprendió:

—¡Señor, usted es muy mimado aquí! ¡Especialmente por esta joven!

—María es una mujer admirable, trabaja día y noche para criar sola a su hija. Tenía un problema de salud y pude ayudarla.

»Quiere un ejemplo, ¿verdad, señora? Entonces le hablaré de Sandra, una estudiante de arte. Había aliviado a su tía de un herpes particularmente doloroso. Esta joven de veintitrés años, grande y robusta, sufría de migrañas, dolores de rodilla y sobre todo de un eczema de manchas rojas muy incapacitante. Tenía lesiones en los hombros, brazos y piernas, que le impedían vestirse como le gustaría a una joven.

»Le hubiera gustado llevar traje de baño, camisetas, pantalones cortos, vestidos bonitos y escotados. Debajo de un chaleco de lana que la cubría bastante, llevaba un top de cuello negro de algodón y mangas cortas. Me di cuenta de cuánto crecían los parches y pude imaginar perfectamente cómo eran sus piernas. Demasiado acomplejada, no podía tener relaciones amorosas.

»Verá, señora, a su edad, negarse a sí misma la felicidad de una vida normal era una verdadera tragedia.

¡Claro que lo podía ver! Sentí pena por ella. Mi madre sufría de eczema y yo sabía la incapacidad que estas lesiones podían provocar.

—¡Pero es horrible, debe haber sufrido terriblemente! ¿Y cómo hizo para ayudarla?

—En primer lugar, hablar con ella, escucharla, sentir sus vibraciones, integrarlas bien para que mis manos, liberadas, fueran guiadas hacia ella.

»A menos de diez centímetros de su cuerpo, apenas podía sentirme.

"Sandra, su aura está como atrofiada."

»Poco a poco, hablando con ella y con una hipnosis leve, con paciencia, reconstruyendo incansablemente los chakras, especialmente la corona, la frente, el pecho, el plexo y el vientre. Finalmente, el aura se reconstituía.

"Sandra, dígame, ¿siente una vibración?"

"Señor, ¡ahora mismo estoy empezando a sentirla! ¡Es como una presión en mi interior!"

"¡Mire, estoy casi a un metro de usted y ya puede sentir la vibración fluir!"

»Empezó a mejorar desde la primera sesión.

»Sandra regresó dos días después.

"¿Cómo se siente?"

"¡Mucho mejor! Sí, gracias, ya no tengo dolor de cabeza y ya no tengo dolor en mi rodilla, los ataques de eczema han disminuido, pero siguen apareciendo."

"Sé que es complicado para usted, pero hábleme de su aborto, es importante para el eczema."

"Pero, ¿cómo lo sabe, señor? ¡No se lo he dicho a nadie!"

"¡Lo sentí, créame! Cuando el feto se desarrolla en el útero, conectado por el cordón umbilical, su aura se desarrolla en el aura de la madre. Las interrupciones de los embarazos pueden causar este tipo de trauma. El feto es eliminado, pero a veces su aura permanece cerca de un chakra, normalmente el del ombligo, y requiere un tratamiento especial, como un legrado físico."

"Sí, es verdad, tuve un aborto, era tan joven, ¡tenía apenas quince años! No pude conservarlo", me dijo entre lágrimas.

"No tiene que justificarse y yo no tengo por qué juzgarla. Estoy aquí para ayudarle a poner su aura en su lugar y liberar el aura del feto, su sensación de incomodidad y los desequilibrios de los chakras mejorarán y pronto estará mejor."

»Después de diez semanas de sesiones, su eczema había desaparecido por completo.

»El verano estaba llegando, el clima era agradable y una mañana Sandra me llama y me pide que la acompañe a almorzar con su tía.

»La chica se veía encantadora en su pequeño vestido de manga corta sentada en la terraza del restaurante.

"¡Champán!", me dice ella.

»¡Pero está llorando, señora! Lo siento, sabía que esta historia le correspondería directamente, ¿no es cierto?

»¡Lo presentí! Pero no se preocupe. Para usted todo estuvo bien. El aura no se quedó, porque el niño no debía nacer, tenía que irse, ese era su karma, ahora todo está bien.

Limpiando mis lágrimas con una toalla de papel, le susurro:

—¡No puede decirme que esto lo encontró en Google!

Sonríe y pone su mano sobre la mía.

—No, eso es sobrenatural —me dijo con un gran guiño bien acentuado.

Solo pude devolverle la sonrisa.

Estoy buscando nerviosamente los Kleenex en mi bolso bajo la mesa. Estoy enredada, torpe. Me agachò para recogerlo y recuperar mi lápiz labial caído bajo mi silla, cuando me levanto, Mr. Healer está delante de mí, ¡listo para salir!

—Señora, no está sola, ¡estoy aquí! —me dice amablemente—. Tómese su tiempo, termine su plato, pida un postre, ¡no hay prisa!

El Sanador me saluda levantando su sombrero. Le hace un gesto a la camarera, supongo que es para la cuenta.

Finalmente reacciono como si me hubiera despertado, el tiempo se había detenido.

Me levanto alisando mi vestido mecánicamente.

—Señor, ¿qué tal mañana, a la misma hora, en el mismo lugar?

Se da la vuelta con una sonrisa y levanta el pulgar, el signo universal de "ok".

La lluvia está empezando a caer. El aguacero tropical puede empapar hasta los huesos. ¿Es una buena o mala señal? Ojalá estuviera aquí para decírmelo.

3
EL AZAR Y LA PERCEPCIÓN

Al día siguiente, el Sanador me esperaba junto al mismo restaurante, sentado en el muro del terraplén central, a la sombra de una palmera. Estaba vestido todo de negro, vaqueros, camiseta y el sombrero lo había reemplazado por una gorra con visera y gafas de sol.

Con su bronceado y pelo blanco, parece un viejo rockero de incógnito.

Me doy cuenta de que, excepto por los zapatos de tenis, estoy vestida exactamente como él.

El día anterior, él llevaba pantalones blancos y una elegante camisa de lino beige.

Me da la mano con una ligera sonrisa y me hace señas para que me siente a su lado.

—Estamos vestidos igual, señor. ¿Es una coincidencia, o lo sabía de antemano?

—¡Le dejaré adivinar! Pero, el azar, usted sabe… "*Nada en este mundo sucede por casualidad.*"

—¿De quién es?

—Paulo Coelho, creo, señora.

Le pregunto: —¿Y conoce esta cita? "*La coincidencia es cuando Dios camina de incógnito.*"

—Oh, sí, por supuesto, ¡es de Albert Einstein! Gracias por la prueba, señora —dice graciosamente.

»Ayer estábamos diferentes. Hoy estamos vestidos igual, es el principio del uniforme, pertenecer al mismo grupo porque estamos en el mismo espacio-tiempo, ¿es un sueño o una realidad? Este parecido puede ayudarnos a movilizar la integridad de la energía, el blanco y el negro son neutrales. Hay una parte inherente de energía en cada uno de nosotros, una parte que no crece ni disminuye con la intervención de fuerzas externas. Las diversas agresiones y los parámetros de nuestra cultura y entorno social movilizan cada pizca de esta energía inherente para obedecer a los patrones de comportamiento establecidos.

»La energía es la libertad.

»La energía es la vida.

»O bien está disponible en su totalidad o en parte, o no está disponible y es la muerte.

»Captamos esta energía en general y la transformamos en datos sensoriales, luego interpretamos estos datos sensoriales en el mundo de nuestra vida cotidiana. Es esta interpretación la que llamamos *percepción*. Somos incapaces de romper este condicionamiento, de ahí la profusión de drogas y estimulantes, ceremonias y rituales sectarios y religiosos. Para salir de esto, debemos romper estos parámetros sociales. Es una aspiración vital para tener la fuerza de luchar contra la enfermedad, el estrés, la infelicidad y otros males, desde los más benignos hasta los más graves.

4
MARÍA Y EL DIABLO

—¿Qué quiere decir, señor? ¿Tiene un ejemplo?

—¡Venga, sígame!

Me levanto tras él y caminamos por una calle muy tranquila que nos lleva a un bonito parque: un remanso de verdor en el corazón de la ciudad, que pese a estar tan cerca, está aislado del paso de turistas y caminantes por la avenida.

—Sentémonos ahí, es un buen lugar —dijo señalando una banca.

¡El clima estaba agradable! Nos hallábamos a la sombra de un hermoso árbol.

Había llovido y se elevaba un fuerte olor proveniente de la vegetación tropical que nos rodeaba.

—¡Mire a esa persona!

Su mano apuntaba a la banca de enfrente, oculta por los arbustos. Una joven estaba acostada frente a nosotros. Parecía estar dormida, su cabeza apoyada en un voluminoso bolso de cuadros rojos y blancos. Su aspecto, su ropa contrahecha y amorfa la hacían ver como una persona sin hogar. No tenía treinta años.

—No la vi enseguida. ¿Es una paciente suya?

—No, para nada —me dice—. Vive su vida como le place.

»Si me necesitara, ya habría acudido a mí. Pero me recuerda a alguien, cuya historia quería contarle:

»María, una mujer de 23 años, viene a verme una noche.

»Me dice que yo había ayudado a un conocido suyo.

»¡Lo primero que veo es la *Muerte* en su espalda!

»Las ropas sin forma, los vaqueros militares, el largo abrigo de lana gruesa, el jersey negro con cuello de tortuga hasta la boca, su pelo en largas y sucias trenzas y el olor rancio que emana de su cuerpo son indicativos del tipo de vida que lleva.

»No se asombre, señora. ¡Usaré sus propias palabras y su manera de hablar!

Le digo riendo: —¡No señor! ¡De usted, nada puede sorprenderme!

—¡No se ría, mejor escúcheme! ¡Le dije que la *Muerte* estaba a sus espaldas!

Algo en el tono de su voz me paraliza por un momento.

Me recuerda el *KIAI* de mi infancia. Yo era solo una niña pequeña cuando mi madre me llevaba a la clase de karate; el profesor nos asustaba mucho con esta historia de *KIAÏ*, ¡el grito que mata!

—Disculpe, señor, pero ¿cómo supo que la *Muerte* estaba detrás de ella?

—*La Muerte* siempre está ahí —me dice—, nos recuerda que mientras ella no nos haya tocado, nada es realmente importante.

»Le cito a Carlos Castaneda:

"¡La Muerte *está en todas partes! Son los faros de un coche que sube una colina detrás de nosotros. Son visibles por un momento, luego desaparecen como si hubiesen sido arrastrados por la noche; reaparecen un momento después en la cima de una nueva colina, y se desvanecen de nuevo.*

Estas son las luces que la Muerte *lleva en su cabeza.*

La Muerte *se las pone como un sombrero, luego se aleja galopando, para alcanzarnos, acercándose cada vez más.*

A veces la Muerte *apaga sus fuegos, pero nunca se detiene."*

El Sanador me mira durante mucho tiempo, esperando una reacción de mi parte, pero no tengo nada que decir, estoy aterrorizada, no puedo evitar mirar por todos lados a nuestro alrededor.

—Este mundo es misterioso y aterrador, señora. Escuche el resto, no se decepcionará…

"María, dígame… ¿Por qué viene a verme?"

"¡Me dijeron que puede curarme de esto! ¡Mire!"

» Empieza a quitarse la ropa.

"María, no hay necesidad de desnudarse."

"Que sí, ¡joder! Quiero que usted lo vea."

»Una vez en ropa interior, entiendo: tiene parches de eczema por todo el cuerpo, al igual que moretones y heridas apenas curadas.

»Me muestra sus brazos y dice:

"Fumo hierba y hachís, me meto cocaína y mucha, pero, mire mis venas: nunca he tocado una aguja, y ahora Jacky, mi novio, necesita más dinero porque está en la heroína y yo le he hecho cosas a esos tipos que me presenta para conseguir más dinero."

"Entiendo. ¡Vístase, por favor!"

"¡Es que no tengo dinero para pagarle! A cambio, puede pedirme lo que quiera, no tengo límites."

"¡En este caso, usted está con un amigo, yo la ayudaré! ¡Por favor, vístase!"

»Me miró con sus grandes ojos azules tratando de traspasar mi intención.

»Y lentamente se viste, como de mala gana, y me dice:

"¡No estoy acostumbrada! En mi mundo, uno siempre termina pagando de una u otra manera…"

"¡María, en el mío, su confianza me paga generosamente! Vamos, dígame lo que todavía no me ha dicho. ¡Puedo curarla, pero necesito saber!"

»Ella estaba en camiseta blanca y una malla caqui, sus calcetines a rayas de arcoíris estaban rotos. No se había vuelto a poner los zapatos. Se sentó con su traje sobre el sofá, las piernas dobladas.

»Finalmente, sus ojos cobraron vida y una pequeña y todavía tímida sonrisa iluminó su rostro.

»¡Por fin! ¡María parecía una chica de su edad!

"¡Sí, señor! ¡Mi amiga me dijo que confiara en usted, y yo también le creo! Vi el resultado en ella: la transformó y a ella yo le creo. Le voy a contar:

»Hui de la casa de mis padres y, sin embargo, no me habían hecho nada, al contrario, quizás eran demasiado asfixiantes.

»No son ellos, soy yo. Vivimos en una casa suburbana en una zona limpia y bien transitada. En resumen, la clásica historia: al salir de la escuela secundaria, conocí a un grupo de chicos de mi edad que estaban bebiendo hasta caer en coma y fumando porros hasta la punta de las uñas. Vivían sus vidas en los extremos, yendo cada vez más lejos, los admiraba y me gustaba eso. Empecé a no hablar más con mi familia, viejos imbéciles que no entendían nada. ¡Así que los golpeé y les robé su dinero hasta el punto de que cambiaron las cerraduras y no me abrían cuando yo gritaba y lloraba en su puerta! No los he visto en tres años. ¿Y luego qué pasó? Después de eso, conocí a muchos otros imbéciles, ¡demasiados! ¡Y he hecho muchas bobadas, demasiadas cosas terribles!

»Conocí a Jacky. Me encontró borracha y drogada en un callejón, tirada en el suelo detrás de un cubo de basura como si fuera la última de las mierdas. Jacky y yo encontramos un pequeño rincón en una casa ocupa increíble, y con el dinero que traje compró unas papeletas con LSD, que es un alucinógeno químico muy poderoso, Dietilamida de ácido lisérgico, ¿lo conoce?"

"Sí, María, lo conozco, así como el mezcal, los hongos y otros…"

»Ella sonrió, su cara se iluminó: fuego bajo el hielo, un primer paso hacia el paraíso.

"El efecto del ácido comenzó muy rápidamente. Todo se movía a mi alrededor. Mi visión se puso roja y apareció una cara sonriente como si saliera de un charco de sangre que venía hacia mí para atraparme. Tendía sus brazos. Sus manos con enormes uñas eran garras que se acercaban a mi cara, ¡sus ojos eran de color rojo sangre!”

—¿Quién era? —le pregunté— ¿Ella se lo dijo? ¿Un demonio?

—¡No, peor que eso! ¡Me dijo que era el mismísimo Diablo! Me gritó aterrada.

“¡El Diablo! ¡Es él, maldita sea, es él!”, gritó aterrorizada, “¡quiere llevarme con él al infierno! ¡Tiene que ayudarme a dejar las drogas! ¡Quiero cambiar y salir de esto, volver a la vida normal! ¡Por favor, ayúdeme!

»Ella se lanza a mis pies. ¿Se lo imagina, señora? Yo la levanto suavemente.

“¡María, María! ¡Por supuesto que la sacaré de ahí! Pero vamos a tener que trabajar, ¿de acuerdo?”

“¡Sí! ¡Sí, lo que quiera!”

»Y ese fue el comienzo de un largo trabajo. Vino a verme dos veces por semana. Trabajando en la energía de los chakras, en el cambio de rutinas. En cuatro sesiones, ya estaba mejorando. Pero sabía que el éxito dependería de su voluntad, que, por desgracia, le falló. Tuvo una recaída muy grave.

»Sus amigos le ofrecieron cocaína y hierba. Ella sucumbió y se sintió muy mal, pero se dio cuenta de que tenía que dejar la casa ocupa, ¡y a Jacky! Un día, María llegó decidida. Se cortó el pelo con flequillo. Sin las trenzas rastas, parecía una chica muy joven.

"¡Señor!" (ella nunca quiso llamarme de otra manera) "¡Señor!", me dice, "¡necesito un trabajo y un lugar para vivir! ¡Estoy lista para hacer cualquier cosa!"

»Le consigo una habitación en casa de un amigo que tiene una pensión con comidas fijas y ancianos como inquilinos, a cambio necesita ayuda y está dispuesto a alojarla y pagarle un pequeño salario.

Me dijo: "Cama y desayuno, como en los viejos tiempos."

»A partir de entonces, libre de la influencia de sus amigos, todo empieza a mejorar y las sesiones continúan hasta que ella se siente libre. Nuestra amiga en común la acompaña a unos grandes almacenes para comprar ropa más clásica porque está prevista una cena en casa de sus padres.

»Al día siguiente, estoy almorzando en el bar del «Grand Hotel» cuando ella me llama:

"¡Señor! ¡Estoy llorando! ¡Tengo muchas lágrimas!", me dijo sollozando.

"¡María, déjese llevar! Es normal, incluso excelente. ¡Es humana! Ha ganado su combate."

»Las drogas y su estilo de vida habían extinguido completamente sus sentimientos. Por teléfono lloraba sin poder parar, dando rienda suelta a su emoción. Ella estaba bien encaminada...

»Para la siguiente sesión, la *Muerte* había desaparecido completamente de su psique.

»Nuestras sesiones habían comenzado en julio. Pasaron seis meses antes de que pudiera considerarse liberada definitivamente y así pasar la Navidad con su familia.

Mr. Healer se levanta y me saluda juntando las manos.

—Le deseo un buen día —dijo.

—¡Espere, señor! ¿Era realmente el Diablo?

—¡Sí, el suyo! Los paraísos artificiales y los sueños pueden abrir las puertas de diversos mundos paralelos y, a veces, entidades maléficas pueden atravesar estas puertas hacia nuestro universo personal.

»Perdón, de verdad me tengo que ir…

Le devuelvo su saludo con un gesto:

—Gracias a usted, *Namasté*.

La historia de María había sido tan intensa que yo estaba como paralizada.

Me quedé un poco más de tiempo, escuchando las disputas de los loros. Estaban tan llenos de vida que debieron saber que la *Muerte* nunca estaba lejos…

Por la tarde, estaba en un paseo en barco con amigos, sentada junto a Michael, quien conducía.

La *Muerte,* él la conocía. Ex marine de los Estados Unidos, sirvió en las guerras de Irak y Afganistán.

Dijo: —Sabes, Anna, cuando vas a nadar en el océano, siempre hay un tiburón a diez metros de distancia…

5
LA FAMILIA

El Sanador vivía en una casa lujosa con vistas a la bahía.

Me reuní con él al borde de la piscina, llevaba camisa y pantalones blancos. Por supuesto, estoy vestida como él, toda de blanco.

—El blanco le sienta bien, señora. Verá, blanco o negro, solo hablan de armonía —me dice.

—Su casa es hermosa.

—En efecto, es muy hermosa, pero esta no es mi casa. Un par de amigos me alojan cuando vengo a esta ciudad. Además, ¿qué es lo que realmente nos pertenece? —me dice dándome la bienvenida con una gran y sincera sonrisa.

—Pero, señor, nuestras vidas nos pertenecen, ¿no es así? Nuestros cuerpos, nuestras ideas, nuestros pensamientos…

El Sanador se acerca a mí y me dice:

—Verá, señora, he estado observando a los supervivientes. Me han enseñado mucho…

Me mira intensamente. ¡La palabra *superviviente* me hizo reaccionar! Soy una sobreviviente de cáncer de mama, el mismo que tiene mi madre…

Su cálida sonrisa calienta mi corazón. Sin duda alguna, él lo sabe… Inconscientemente, mi mano vino a posarse sobre mi pecho izquierdo.

—La vida es el conjunto global que resiste a la muerte —continúa.

»Descubrir es peligroso, pero también lo es vivir. Quien se niega a correr riesgos se condena a no aprender nunca, a no crecer nunca, a no vivir nunca. Ser esclavo de su propia vida no es vivir.

»La oscuridad de nuestro pasado amenaza la claridad de nuestro presente y de nuestro futuro. Lo que sea que pase con los demás, nunca debe tomarse como algo personal: lo que los demás hacen y dicen es solo una proyección de su propia realidad.

—¿Se refiere a las relaciones con la familia? ¡Hay una gran demanda de parte de ellos! —le dije.

El Sanador me responde:

—Sí, especialmente una gran demanda de energía. Por ejemplo, siempre hablas de la misma manera con tu padre, así como con tu madre. De hecho, respondes a ellos de la manera que ellos esperan. No siempre te das cuenta, pero el gasto de energía es inmenso porque no eres tú mismo, eres quien ellos quieren que seas.

—Entonces, ¿qué cree usted que deberíamos hacer, señor?

¡Estoy sorprendida, casi enojada como si fuera un ataque personal a mis padres!

He sido muy cercana a mi madre, especialmente desde la muerte de mi padre.

Mr. Healer se da cuenta y se ríe suavemente.

—No se enfade conmigo, no soy diferente de usted. Créame, comprendí que fui víctima de mi rutina y de todos esos años de condicionamiento en los que la palabra de mis padres debía ser la verdad y luego la palabra de los profesores de la escuela y de los que me influyeron. Así que reaccioné y me pregunté dónde estaba y quién era.

—Pero mi madre está vieja y enferma; si se lo digo, se verá terriblemente afectada. Y usted, señor, ¿cómo lo hizo?

—Dejé de ser el que ellos querían, pero no se dieron cuenta, ya que fingía ser el mismo. Solo que ya no tenía dolor. Por otro lado, no gasté más energía, y a veces creo que incluso me divertí más. Podría decir que fui mucho mejor hijo para ellos de lo que solía ser.

—¡Pero eso es mentir! —le dije confundida.

En realidad, tenía razón, sería bueno si pudiera evitar situaciones de conflicto innecesarias.

—Cuando se es inmune a esto, ya no somos víctimas de un sufrimiento innecesario que nos hace perder cantidades de energía.

»¡El sadismo enamorado de los seres queridos puede pudrirnos por dentro, haciéndonos consumir nuestra energía por tratar de ser como ellos quieren que seamos y no como realmente somos!

Yo lo corté:

—Si realmente sabemos lo que queremos, debería ser fácil, ¿no le parece?

—¡Claro! Pero normalmente sabemos lo que no queremos, ¿no es así, señora?

Sentí una cierta ironía. De hecho, yo era de un carácter muy obstinado.

Antes de mi cita con El Sanador, tuve un conflicto con mi madre porque ella no quería que yo hiciera este viaje sola para conocerlo.

Es cierto que podría haber esperado porque él y yo vivimos en la misma ciudad. Sin embargo, con la remisión de mi cáncer, el final bastante sórdido de un asunto del corazón y esos dolores de espalda que me hacían sufrir tanto, ¡realmente necesitaba tomar un poco de aire fresco!

Sabía que no quería que ella viniera conmigo. No quería que me juzgara ni me dijera lo que debía o no debía hacer.

¡Quería estar sola al fin!

—¡Sí! ¡De hecho, lo sé! ¡Sé lo que no quería! ¡Tiene razón!

—Señora, tener o no la razón no tiene sentido. Es difícil hacer lo que queremos, hacemos todo lo que podemos. Sin embargo, podemos *no hacer*. La vanidad no es más que una autocompasión disfrazada. Todos vivimos en el *yo, yo,* y gracias por criticar lo que digo, es su *yo, yo* o *Ego* el que me responde, una pequeña voz en sus pensamientos que crea su mundo permanentemente.

»El *yo, yo* se mantiene en la ilusión, por lo tanto, en el sufrimiento.

»Dejar que el otro sea responsable de su palabra o sus acciones y no interferir. Sean cuales sean las circunstancias, simplemente hagamos lo mejor que podamos y evitemos juzgarnos a nosotros mismos. Nuestro *mejor* cambia de un momento a otro. Hacer demasiado es agotar nuestra energía, y hacer menos es sentirse culpable y frustrarse con arrepentimientos. La trampa es la carrera por la perfección. *Debo* se convierte en *puedo* al lograr los objetivos sin preocuparse por el juicio y las expectativas de los demás.

Los gritos estridentes de una familia de pequeños loros interrumpen al Sanador. Él los escucha y me dice que nos hablan acerca de la alegría profunda de volar por el aire, liberados de la pesadez del mundo visible.

6
EL DOLOR

—Venga, señora. Demos un paseo y resumamos. Vino a mí de parte de un amigo en común por el dolor de espalda recurrente y también para escribir un artículo sobre curanderos para una revista…

—Señor, no son dos cosas incompatibles, ¿verdad?

»Al contrario, por favor, ¡cúreme y sigamos con la entrevista!

Mr. Healer me tomó del brazo y caminamos por el jardín hacia la casa. Me había puesto zapatillas blancas, falda negra y camiseta blanca. La caminata, bajo un cielo azul sin la sombra de una nube, tenía un aire de *déjà vu*, un aire de paseo con la familia.

De repente, los gritos de los loros se transformaron en chillidos de grillos. El jardín de césped bien cuidado se convirtió en la hierba salvaje de mi Provenza y el brazo del Sanador en el brazo de mi padre que había muerto hace años. Me sentí invadida por su presencia, su olor, no pude controlar mi emoción y fue entre lágrimas que me encontré en los brazos del Sanador.

Sus manos están en mi espalda y siento un calor intenso a lo largo de mi columna. Pongo las manos detrás de mí y me doy cuenta de que no me está tocando. Sin embargo, la vibración y el calor son intensos, ¡una mezcla perturbadora de amor y dolor sin sufrimiento!

7
"TERESA"

Más tarde, sentada en la sala de estar, entre los muebles de bambú, los cómodos sofás, las modernas y coloridas obras de arte sobre las paredes blancas, un vaso de té helado en la mano, este dolor permanente, que se había convertido en un compañero aplastante, había desaparecido.

—Es realmente increíble, señor. No me duele nada después de todos estos años…

»¡Y la presencia de mi padre! ¿Cómo lo hizo?

Mr. Healer me miró con una sonrisa divertida.

—¡Le aseguro que no es gracioso, señor!

—Disculpe, señora. No me estoy burlando de usted, créame, pero, si hubiera visto su cara, fue como si el universo se hubiera volteado al revés.

»¡Eso es bueno, hay que romper la rutina y la representación del mundo creado por todos estos años de programación social y familiar!

»A la eterna pregunta, *¿cómo lo hago?,* la respuesta es *lo hago*… y punto.

»Me alegro de que esté bien, necesitaremos al menos dos sesiones más para completar el tratamiento.

—Por supuesto. No solamente no tengo el dolor, sino que me siento perfectamente relajada, lo cual no me había sucedido en mucho tiempo. Pero, dígame, ¿las tres sesiones son una regla?

—En realidad, no hay reglas, pero por experiencia sé que pueden ser más sesiones, casi nunca menos —me dice.

—Pero, conmigo lo logró en una sesión. ¿Ha tenido otros casos similares en los que bastó solo una consulta?

Mr. Healer estaba sentado frente a mí con una taza de café en la mano. Estaba vestido con vaqueros descoloridos y una camiseta negra, llevaba mocasines italianos elegantes hechos de cuero azulado. Bebía en pequeños sorbos, sus manos eran finas pero poderosas, con dedos largos y uñas perfectamente bien arregladas.

—Cuando vivía en el centro de la ciudad, en la planta baja de mi edificio, entre la carnicería y la panadería, había una tintorería donde Teresa planchaba camisas todo el día. Una mañana vino a entregarme la ropa y sentí que ella estaba sufriendo, lo que se confirmó por la mueca de dolor que hizo cuando me entregó el paquete.

"¿Le duele algo, Teresa? Sabe quién soy, ¿verdad? ¿Puedo ayudarla?"

»Bajó la cabeza, avergonzada... y me respondió:

"Sí, señor, lo conozco. Oigo hablar de usted a mi alrededor y del bien que hace, pero no tengo los medios para pagarle."

"Teresa, ¡yo soy el que se lo está ofreciendo! ¡Permítame brindarle mis servicios!"

»Me conmovió cuando vi lágrimas en sus ojos. Sonándose la nariz con un pañuelo, me dijo que estaba de acuerdo.

»Le dije que se sentara y me contara su historia.

»A los 56 años, su espalda y su hombro le causaban un terrible dolor. Cada día de trabajo se había convertido en un verdadero calvario para ella. Se trataba con infiltraciones de cortisona que tenía efectos secundarios cada vez más severos.

"Sé que tendría que dejar de trabajar por un tiempo. Eso es lo que me dicen en el hospital, pero no puedo. Necesito dinero, mi padre está a mi cargo. No quiero ponerlo en un hogar de ancianos, él es dependiente. ¡En nuestra casa, eso no se hace!"

»Puedo decirle, señora, que a pesar de su evidente sufrimiento, me impresionó la dignidad y la fuerza de esta persona y decidí hacer todo lo posible para ayudarle. Comencé con una serie de pases magnéticos en su tercer ojo, en medio de su frente, mientras le hablaba de la vida en el vecindario y por momentos de su familia.

"Tengo una hija de veinte años, figúrese. Cuando nació, se quedó sin oxígeno y quedó discapacitada. Mi marido, su padre, no pudo soportarlo y nos abandonó. ¡Yo la cuido sola! ¡Mi hombro está ardiendo, señor! ¿Qué está haciendo?"

"Nada especial, Teresa. ¡Mire! Mi mano está a cincuenta centímetros de su espalda. Dígame otra vez cómo se llama su hija."

"Clara, se llama Clara, como mi abuela. ¡Ahora es mi frente la que arde!"

"Cierre los ojos, eso es bueno."

"¡Señor! Creo que me estoy durmiendo. Estoy tan cansada…"

"Eso está muy bien, Teresa. Sus párpados están pesados, sus miembros están relajados, relájese en el sillón. Voy a contar hasta tres y se va a dormir. Después, contaré hasta cinco y cuando llegue a cinco se despertará y no tendrá más dolor en el hombro."

Lo miré, estaba en su narración como si lo estuviera reviviendo todo, ¡y sentí como si me llevara con él al cuidado de Teresa!

—Entonces, ¿fue solo una sugestión? —le pregunté.

—No, para nada. Estamos en una burbuja desde el momento en que nacemos. Al principio la burbuja está abierta, luego comienza a cerrarse, hasta que nos sellamos dentro de ella. Esta burbuja es nuestra percepción, que nos fue inducida por nuestras familias y todos los que nos programaron. Esta percepción del mundo es constantemente descrita por los pensamientos de nuestro diálogo interior, pensamientos que nos llegan todo el tiempo. Intenta detenerlos, ¡ya verás lo difícil que es!

»Vivimos dentro de la burbuja por el resto de nuestras vidas.

»Y todo lo que presenciamos en sus muros redondos es nuestro propio reflejo.

—Entiendo lo que me dice, señor. Pero ¿por qué me vi a mí misma con mi padre en medio de recuerdos tan reales?

—Esta visión de su padre en su brazo, caminando juntos, fue un shock, ¿no?

—¡Sí, por supuesto! ¡Era tan extraño y tan normal al mismo tiempo! Usted me asusta y al mismo tiempo es apasionante. Sí, realmente, la palabra *pasión* es un sufrimiento, un poderoso y exclusivo entusiasmo.

—Era necesario detener su descripción del mundo parando su diálogo interior y sustituyéndolo por el silencio y la escucha de mi voz. ¡Eso es lo que hice por usted y por Teresa! La distracción que creé liberó sus chakras y me permitió restaurar su energía.

»Y nuestra chica que plancha fue capaz de hacerlo sin dolor. Después de dos visitas adicionales, al mismo tiempo que la entrega de mis camisas perfectamente dobladas, estaba definitivamente curada.

8
¡CURA, MR. HEALER!

—Parece un poco preocupada, señora. ¿Le sirvo más té?

La situación se volvía tan extraña que me quedé con la boca abierta, taza en mano. Aprovechó la oportunidad para llenarla, acompañando el gesto con una risa homérica, de la cual tenía el secreto.

Le grité, furiosa:

—¡Gracias, muy amable! ¿Quién se cree que es? ¡Estoy feliz de ver que se divierte conmigo!

—No me estoy burlando de usted, pero debería haber visto su cara. Era como un pez que uno saca del agua. Usted sabe lo que no quiere, pero su ego, él, sabe lo que quiere.

»Le resulta difícil de creer, ¿cierto?

Ofendida, dejé la taza y me levanté para irme, tan rápida y fácilmente que me llevó más de un minuto darme cuenta de que era capaz de moverme sin el habitual dolor en la espalda baja.

—¡Ah! ¡Al fin! ¿Se da cuenta de lo que me está pasando?

Mi rabia inicial se había ido, sumergida por la sensación de bienestar que sentía.

Tartamudeé unas palabras, sorprendida, conmocionada y casi molesta de sentirme tan bien.

A petición mía, me muestra el baño.

La casa era grande y cómoda, decorada al estilo italiano con grandes volúmenes y ventanales cuyas cortinas dejaban pasar una luz suave y tranquilizadora. El suelo era de parqué de madera oscura.

Las paredes estaban adornadas con grandes lienzos de coloridas pinturas abstractas, que contrastaban con grandes fotografías en blanco y negro de cuerpos estilizados, retratos y paisajes urbanos.

Estaba cansada de todas estas emociones, no podía esperar para volver al apartamento que había alquilado y descansar sola.

Me despedí del Sanador, a pesar de su invitación a quedarme más tiempo y conocer a sus amigos.

9
LA ESPALDA DE JOSY

Cuando me desperté por la mañana, no sabía dónde estaba.

¿Quería seguir escribiendo este libro? ¿Terminar mi artículo? ¿Dejar todo e ir a la playa, tal vez?

¿Quién puede decir qué es lo mejor y si lo mejor sería enemigo de lo bueno, como decía mi madre?

Salgo de la cama con una facilidad desconcertante.

En la ducha, dejo caer el jabón y lo recojo sin el más mínimo dolor, mientras que ayer fue un verdadero calvario.

Mr. Healer había sacudido los cimientos de mi vida diaria y se las arregló para alterar mis rutinas. Había sido testigo de situaciones completamente sobrenaturales, aunque solo para mí.

En el desayuno, sentada en mi terraza, disfruto de la vista del océano mientras tomo mi té y mordisqueo una ensalada de frutas y panqueques rociados con jarabe de arce.

He decidido tomarme un descanso y dedicar el día a las compras.

El clima estaba hermoso, era temporada de vacaciones.

En la concurrida calle peatonal, la gente camina con sus familias, gafas de sol, pantalones cortos y camisas de colores; el olor a crema solar mezclada con yodo de mar me produce la nostalgia de mi infancia y el sabor de un helado italiano en los brazos de mi padre.

Las terrazas de los cafés están llenas de gente disfrutando del sol.

Puedo escuchar todas las lenguas de la Tierra, la ciudad se transforma en una torre de Babel horizontal.

¿Y si la vida es finalmente más simple de lo que parecía?

Ya no tenía dolor. Me sentía bien, en perfecta armonía con el mundo que me rodea: más joven, más hermosa, más sensual…

Con mi pequeña falda corta y blusa blanca que hace juego con mis zapatillas, siento una cálida brisa que envuelve mis piernas desnudas.

Realmente quiero ir a dar un paseo. Quiero cosas ligeras, tengo ganas de salir, de bailar y también siento ganas de amor.

Sé que no le agradecí lo suficiente al Sanador.

Debí haberme quedado con él para continuar nuestro trabajo.

Pero necesitaba estar sola y disfrutar de este sentimiento de bienestar, ser yo misma, sin la esclavitud del dolor.

Creo que sería bueno tener un nuevo vestido y tal vez un par de cosas que le vayan bien.

Sé exactamente dónde ir: hay una tienda de ropa en la esquina de una concurrida avenida principal; una pequeña plaza sombreada con un restaurante italiano y otro que reparte cafés para llevar. La tienda de recuerdos de al lado vende camisetas rojas y blancas de *salvavidas*, gorras, llaveros en forma de tablas de surf multicolores y placas de coches con todos los nombres de pila como número de matrícula.

Compro un café americano en su taza de cartón cerrada con una tapa de plástico y entro en la tienda bebiendo de la paja verde oscura.

Josy, la vendedora, está ocupada con un cliente. Me reconoce y agita su mano. ¡El cliente se da la vuelta y me saluda!

—¡El Sanador! ¡Es el Sanador!

¡El shock de verlo es tan fuerte que grito!

Josy suelta la chaqueta que le estaba mostrando y yo suelto la taza de cartón con café, que se rompe al caer al suelo; afortunadamente no era de parqué ni alfombra sino de hormigón liso y encerado.

Josy se pone en cuclillas con un rollo de papel de limpieza y empieza a limpiar. Me agacho para ayudarla, pero no se levanta. Tumbada y arrastrándose por el suelo, gime:

—¡Mi espalda! ¡Mi espalda, maldita sea! ¡Otra vez la ciática!

10
ESPEJITO, DIME

¿Pero quiénes somos realmente?

En un instante, podrías encontrarte pegado al suelo como la última cochinilla.

Tengo una especie de imagen congelada…

La pobre Josy está tirada sobre el suelo congelado. El Sanador está a su lado.

La veo rodar por el suelo y me veo en el gran espejo del probador con la cortina de terciopelo marrón aún abierta.

Me miro y me veo bonita, rejuvenecida. Arreglo un mechón de pelo castaño que cae sobre mis ojos verdes.

Y ahora me pregunto si se va a dar cuenta: él, que lo sabe todo, que tiene el *poder*, que luce genial con un hermoso traje negro con ojos azul grisáceo y pelo blanco corto.

¿Pero quiénes somos, quién soy yo?

Me observo y veo que estoy celosa de la forma en que pone sus manos en su espalda y en su frente, celosa de la dulzura con la que le habla, celosa porque la toma en sus brazos para ayudarla a levantarse.

Celosa de Josy… Él huele el perfume de esa vendedora, yo a su lado y ni se da cuenta de que estoy ahí.

Es como una película en cámara lenta. Sus manos están volando sobre su cuerpo. Ella lleva vaqueros negros y una blusa. Le está hablando al oído, yo alcanzo a escuchar palabras sobre su hijo y su hija que están muy bien, viviendo lejos con sus abuelos.

Ella lo escucha religiosamente y de repente se relaja como un arco liberado de su cuerda, como un barco cuyas amarras han sido levantadas.

—¡Ya no me duele! Mire, estoy parada derecha, ¡nada!, ¡nada!

Se arroja en los brazos del Sanador…

—Oh, gracias, señor. ¡Es increíble! Antes me habría tomado días para superarlo.

—De nada, señora. Me alegro de que esté bien.

»Tendremos que vernos al menos dos sesiones más para consolidar todo eso y algunas pequeñas cosas que sentí. Descanse ahora.

Pasa junto a mí, me saluda con una gran sonrisa y sale de la tienda. Corro detrás de él.

—¡Señora, me alegra haberla visto de nuevo! Que tenga un buen día —dijo.

—Gracias, señor. Pero ¿tendría tiempo de explicarme qué hizo para ayudar a Josy?

—¡Tiempo! ¡Sí, señora, lo tenía! Pero fue usted quien quiso tener tiempo para sí misma, ¿no es así? ¡Me sentiría culpable de retenerla!

¿Pero cómo lo sabe? ¡Yo no se lo dije!

Ese hombre era un verdadero enigma para mí. No quería que se fuera.

—¡En absoluto, señor! Solo quería ir de compras, pero con la aventura de Josy, se me quitaron las ganas. Si está libre, ¿por qué no continuamos nuestra conversación? ¡Incluso tengo mi cuaderno en mi bolso! ¡Aquí está! ¿Qué opina? —le dije con mi más bella sonrisa.

Me devuelve la sonrisa y me saluda con las manos juntas.

—Lo siento, señora, no puedo. Me han invitado a una recepción. ¿En otra ocasión? — se da la vuelta—. Recuérdeme que le cuente la historia de Clara —dice, antes de salir corriendo.

Me deja allí, en medio de turistas chinos que bajan de un autobús siguiendo a su guía y blandiendo una pequeña bandera roja.

Me siento triste, a pesar del cielo azul y el ambiente festivo.

Josy está en la puerta de la tienda llamándome. Creo que sería una buena idea ir a hablar con ella y obtener su testimonio sobre lo que ha pasado.

Tal vez ella lo conoce mejor de lo que creo. ¿Quizás pueda darme información sobre otro aspecto del Sanador?

Pero se me adelanta la bandera roja que acaba de entrar en la tienda de recuerdos, seguida por las tropas chinas deseosas de consumir camisetas y gorras con los colores de la ciudad.

Josy me dice que lo siente, pero que tiene que ir a ayudar al equipo. Ambos negocios pertenecen al mismo propietario.

11
¡AL FIN LIBRE!

Mi decisión está tomada. Seguiré con mi libro y será un éxito.

¡Es asombroso el lugar que este hombre ha ocupado en mi vida en tan poco tiempo! Había pasado de una simple búsqueda profesional a ser una verdadera adicta.

Bueno, después de todo, ¡es normal! ¡Seamos de buena fe!

¡Realmente me quitó el dolor! ¡Este dolor que, algunos días, me partía en dos! ¡El dolor que a veces me traía lágrimas a los ojos solo por ponerme los pantalones! ¡El dolor que, algunos días, me impedía levantarme, esperando que los analgésicos hicieran efecto!

Analgésicos, antiinflamatorios, antisépticos, anticuerpos, antienvejecimiento, todos esos *anti* que eran *los amigos* de todos los días, que impedían que me hundiera por debajo del nivel del aire, los que me permitían parecerme a los demás, no odiarlos e incluso a veces amarlos y ser amada.

¡Sí, seamos honestos! Gracias a él, finalmente soy libre.

12
LA BRECHA Y LA INTENCIÓN

Tengo la fortuna de beneficiarme de un apartamento con una terraza que da a una magnífica vista sobre el océano. Algunas tardes, las puestas de sol son tan espléndidas que iluminan hasta las profundidades del alma.

Esa noche, había invitado al Sanador a cenar. Parecía fascinado por los colores del poniente que hacía brillar sus ojos.

—¡Recuerde, Anna! ¡El crepúsculo es una grieta entre los mundos! —dijo frente al horizonte ardiente.

Esta vez siento un escalofrío a lo largo de mi columna vertebral, estoy como adormecida por su inusual actitud y sus palabras, que habían resonado en mí.

Él domina esta magnificencia y, al mismo tiempo, es parte de ella.

—¿Qué quiere decir con mundos? ¿El mundo del día y el mundo de la noche?

—Sí, entre otras cosas. Verá, señora, a nuestro alrededor hay muchos universos diferentes.

En ese momento, ya había logrado engancharme. Le pregunto:

—Entonces, ¿el crepúsculo sería una puerta? ¿Y el amanecer también?

—¡Dije una brecha, no una puerta!

—¡Está jugando con las palabras, señor!

—No, una grieta existe por sí misma: la descubrimos y la atravesamos. Una puerta, la controlamos: la abrimos o la cerramos, ¡es una cuestión de intención!

—Intención, ¿qué intención?

—¡La intención es la vida misma! ¡Energía!

La noche llega de repente. La íntima suavidad de la oscuridad nos envuelve como una cómoda manta.

—¡Sea más específico! En serio, ¿qué quiere decir con intención?

—¡En serio! —dice—. La intención se conecta a la energía como una silla de telesquí a su cable.

¡Me hizo reír! ¡Pensaba que era una broma! No podía imaginar al Sanador en esquís, llevaba pantalones beige y una camisa de lino blanca.

Le había dicho que esta invitación a cenar era para darle las gracias por curarme y salvarme la vida, lo cual era un poco exagerado, pero no estaba lejos de la verdad…

Honestamente, por eso me puse un vestido negro ligeramente corto y puse champán frío. Me di cuenta de que mi intención era seducirlo. Pero no estaba segura de que fuera la intención de la que él hablaba.

Para entrar en su juego seguí agregando:

—¿Como una plancha conectada a la electricidad? ¿Un secador de pelo? ¿Un tren en sobre sus rieles? ¿Lo estoy divirtiendo?

—¡Sí, tiene razón! ¡Es exactamente eso! Usted y yo no somos más que energía conectada a la intención —me dice.

—Pero ¿qué quiere decir con *intención*, señor? ¡Para mí, es simplemente decidir qué quiero hacer, dónde quiero ir y a quién quiero ver! ¿No es esa la definición de elegir?

—Señora, usted me está hablando de la *intención* en el sentido profano del término, pero también tiene un significado sagrado y místico, como muchos términos importantes que contienen una idea, la clave de otra percepción simbólica. La *intención* es una fuerza universal que podemos visualizar cuando miramos -sentimos- la energía flotando en el universo, una fuerza que lo penetra todo, pero su valor inestimable radica en el hecho de que la *intención* -pura abstracción- está íntimamente ligada al hombre. El ser humano siempre tiene la posibilidad de actuar sobre ella.

—De hecho, estamos lejos del telesquí —le dije.

El Sanador me dio su sonrisa abstracta:

—Me gustó el secador de pelo —dijo.

13
LA ENERGÍA; LA VIDA

Me levanto. Empieza a hacer frío en la terraza.

—¿Y si entramos? Tengo champán frío en una nevera conectada a la electricidad y nos hice un salmón al horno; no sabía si comía carne.

Se levanta después de mí y me toma por el codo de una manera familiar:

—Créame, yo como de todo, porque no es lo que entra en la boca de los hombres lo que es malo, es a menudo lo que sale de ella —me dice.

Estamos sentados frente a frente en la mesa del comedor. Había encendido dos velas y abierto una botella de vino fresco de *Brouilly*.

Sin duda alguna, Mr. Healer comía de todo y copiosamente, pero bebía muy poco vino.

Le hago preguntas, pero él se niega a hablar mientras come y me explica:

—La comida es fundamental. El cuerpo asimila la energía que nos ofrece graciosamente la comida. Algunos ritos religiosos imponen una oración antes de cada comida y otra para agradecer a la providencia. No los practico, pero me gusta este símbolo de unidad porque todos en este mundo estamos hechos de la misma energía…

»Hablaremos después, puede preguntarme lo que quiera. Centrémonos en esta deliciosa comida.

Rechaza un coñac con su café. Nos pasamos a mi sala de estar. Verlo sentado en mi sofá es una imagen surrealista. Le pregunto:

—¿Qué quiere expresar cuando dice que lo que sale de la boca de los hombres es malo?

—Todo es energía y se transmite a través de vibraciones —me dice.

»Venga, le voy a dar un ejemplo: esta vibración es como el agua. La voluntad del hombre tiene el poder de transformar esta agua en caliente o fría, vapor o hielo. La *intención* tiene las mismas propiedades sobre la energía. El hombre es el filtro que trata, transforma y utiliza esta energía, ya sea para el *mal* o para el *bien*; *magia negra* y *magia blanca* son la misma *magia*, el mismo *poder*, la misma *energía*. ¡Una maldición, un hechizo, ordenado a los profesionales, *morabitos, hechiceros* y *brujas*!

»¡Pero tenga cuidado! También puede ser su vecino, su colega de oficina, la esposa de uno de sus exnovios o amantes, por ejemplo, cuyo odio y celos o deseo de posesión son tan fuertes que sus pensamientos se convierten en una *energía de poder negativo,* que se llama comúnmente *mal de ojo* o *lengua maligna.*

Estoy fascinada. Si las mismas palabras hubieran venido de otra persona, jamás las habría creído. Debe haber muchos charlatanes que usan las mismas frases y hacen que la gente crea en su supuesto poder. Pero a él lo había visto en acción, aunque fuera solo en mí, le tenía una confianza total.

—¿Y qué puede pasarle a esta gente?

—Demonizar es dividir —dice—, crea situaciones aterradoras.

»El bloqueo en la vida profesional y sentimental. Nada se logra, a pesar de todos los esfuerzos. No hay un encuentro duradero. Dolor de espalda, dolor de estómago, alta tensión, dolores de cabeza, fatiga crónica, imagínese el resto. El asco del otro, la desaparición de la libido, el deseo y las ganas. Pero, afortunadamente, la intención también puede hacer vibrar una *energía de poder positiva,* que puede convertirse en una *oración,* así como en una *bendición.*

Mientras me habla, El Sanador se acerca a mí y pone su mano izquierda en mi espalda y la derecha en mi frente.

Está tan cerca que puedo olerlo. Reconozco «Eau Sauvage» de Christian Dior, la misma colonia que usaba mi exprometido.

Estaba tan confundida que apenas podía concentrarme en lo que decía. Sentía como si tuviera un fuego en mi espalda, pero era un calor que no quemaba, más como una vibración. Era exactamente la demostración de lo que había dicho con el agua; mi frente estaba congelada. Frío y caliente, tenía el poder de controlar esta energía.

14
LA FERTILIDAD: CATHY

—Señora, para ilustrar mis observaciones anteriores, le contaré la historia de Elisabeth, una encantadora joven de treinta y ocho años —me dijo, sentándose cómodamente en los cojines.

»Conocí a Elisabeth una noche de verano, en un restaurante italiano de una calle peatonal. Una cena de terraza, en el corazón de la ciudad. Nos instalamos en una mesa redonda. Estaba sentado entre ella y otra joven, Cathy. Sus maridos estaban delante de nosotros. La conversación giraba en torno a los niños, Elisabeth y Paul tenían dos hijas. Cathy estaba en silencio. Robert, su marido, nos dijo que llevaban años intentando tener un hijo y que habían consultado a los mejores médicos especialistas del país. Podía sentir la angustia de Cathy.

»Pude ver que había algo más, algo escondido en el fondo de su ser y entendí lo que era. Le digo dos palabras al oído. Ella empieza a llorar. Le ofrezco mi pañuelo y, al mismo tiempo, tomo su mano izquierda en mi mano derecha y paso mi mano izquierda rápidamente sobre su vientre. Paul, que me conoce, cuenta en la mesa que yo había ayudado a uno de sus empleados con problemas de migraña.

»Mientras me miraba, Robert respondió que él no creía en eso, esperando entrar en una polémica que lo hiciera interesante.

»No le respondo, me contenté con una sonrisa de conveniencia.

»Acompañada por Elisabeth, Cathy se disculpa y va al baño. Cuando regresan, la cena se reanuda normalmente.

»Cuando me iba, Elisabeth me dio discretamente su tarjeta. Ella quería verme. Había entendido que su marido, profesor de medicina, no era amigo de los *charlatanes curanderos,* como solía decir.

—Pero ¿qué le dijo, señor? Normalmente es más preciso —le dije, loca de curiosidad.

—¡Oh! Una o dos palabras.

Tenía su molesta y traviesa sonrisa.

Yo no entraba en su juego y permanecía tranquila.

Se levanta del sofá y se toma el tiempo de mirar los cuadros que decoran mi sala de estar.

—Y, dígame, Elisabeth, ¿lo llamó?

—Sí, por supuesto, al día siguiente. Y ella vino a verme esa noche.

»La voy a dejar, gracias por una noche encantadora, la puesta de sol estuvo majestuosa y la cena, deliciosa.

Se dirige a la puerta y todo lo que puedo hacer es acompañarlo.

—¿Ya se va? ¡Pero no terminó la historia de Elisabeth! Y, ¿así? ¿Tan rápido?

—Sí, perdóneme, tengo una cita imprevista. Nos veremos en otro momento —dijo—. Me voy a casa mañana, en el primer avión.

Nos volveremos a ver pronto, no se preocupe.

»Terminaré de contarle esta historia cuando vuelva. No vivimos tan lejos, creo. Disfrute el resto de sus vacaciones. Cuídese mucho. *Namasté* —me dice, riendo y saludándome con las manos juntas.

Me irrité tanto al oírlo reír en el pasillo que azoté la puerta tras él.

15
"SALOMÉ"

Es extraordinario y tan nuevo para mí.

Estoy descubriendo nuevas posiciones particularmente atrevidas, e incluso acrobáticas.

Ya no tengo dolor, haga lo que haga mi cuerpo reacciona con flexibilidad y facilidad. ¡Qué alegría!

Puro placer.

Antes, tenía que esperar a recibir una infiltración de cortisona o un medicamento bien fuerte antes de poder disfrutar plenamente del esplendor del Iyengar Yoga.

Después de una ducha en el estudio, me encuentro en la calle, con el pelo mojado, sin maquillaje, en ropa deportiva, con el tapete colgado del hombro, sujetado por una correa.

Cansada pero relajada, camino de paseo a lo largo de un canal. Había vuelto hace unos diez días. Estaba pensando en el Sanador, preguntándome qué estaba haciendo. Lo extrañaba y yo debía continuar con mis sesiones de sanación.

¿Es una coincidencia? No, no puede ser, creo que esa palabra no está en el vocabulario del Sanador: en efecto, está sentado en la terraza del café de enfrente, saludándome con su sombrero.

—Señora, qué placer verla, venga y siéntese —me dijo con una gran sonrisa—. Parece exhausta, debe ser el yoga.

»Espero que sus vacaciones hayan terminado bien.

—¡No! No es posible, ¿puede leer la mente? ¡Es increíble! ¿Cómo me encontró?

—Para nada —me dice—, ¡yo estoy tan sorprendido como usted! Estoy esperando a otra persona. Por cierto, ¡aquí está!

Me doy la vuelta y me sorprendo de ver a Salomé, mi profesora de yoga, llegando con una gran sonrisa.

Con las manos unidas a lo indio, saluda al Sanador y se sienta a su lado.

—No sabía que se conocían— dijo dirigiéndose al Sanador y luego a mí—, ¡ahora entiendo la desaparición de tu dolor!

—¡Venga y siéntese con nosotros, señora! —me dice.

—¡No! No quiero molestarle —dije (aunque estaba muerta de curiosidad y también, debo admitirlo, de celos).

Salomé es una mujer muy bonita, de unos cuarenta años, morena, con pelo largo y rizado, grandes ojos azules y un cuerpo perfecto, esculpido por años de práctica.

Durante su clase, habla con calma, pero con autoridad. Exuda un carisma cálido y relajante que nos envuelve en su benevolencia, empujándonos más allá en el esfuerzo.

Sus correcciones de postura son siempre bienvenidas y justificadas, siempre acompañadas una palabra de aliento y una sonrisa.

Por cierto, ahora que lo pienso, fue Morris, el otro profesor de yoga, un amigo de Salomé, quien me habló del Sanador. No existe el azar, ¿verdad? Vamos a tener que aclarar esto.

—¡Felicitaciones, Anna! —me dice ella— ¡Hiciste el programa como toda una profesional! Me alegro mucho por ti.

Trato de averiguar si está siendo condescendiente o no. Pero no, lo dice en serio. Ella es realmente perfecta.

Difícilmente la odiaría.

—¡Siéntese, señora! —me dice Mr. Healer— He pedido un té verde y Salomé quiere oír la historia de Elisabeth, se la conté anoche.

Así que estaba con ella. Claro, cuando la veo, lo entiendo.

Estoy temblando. ¿Fue un suspiro contenido o una ola de frío viniendo de mi pelo mojado?

—Gracias, Salomé, eres muy amable. Está bien, estaré encantada de beber este té con ustedes dos. Señor, ¿primero me habla de Cathy? —luego, volviéndome a Salomé—, supongo que te contó su historia.

No puedo evitar imaginarla semidesnuda, moviendo las caderas lascivamente, realizando la danza de los siete velos delante del Sanador, transformado en el rey Herodes. La imagen es tan divertida que no puedo evitar reírme.

—¡Sí, la conoce! —respondió en un tono divertido, como si hubiera leído mi mente— ¡Cathy vino a verme con su marido un tiempo después para decirme que estaba embarazada! Un final feliz, como seguramente les gusta.

—Bueno, ¿a quién no le gusta un final feliz? —responde el Sanador a Salomé.

—La ayuda que le dio a mi madre la otra noche fue decisiva. ¡Gracias de nuevo por venir con tan poco tiempo de aviso! Ya no podía caminar.

—¡Es normal! La conozco desde hace tanto tiempo que fue fácil desbloquearle la espalda. Y volver a la ciudad unos días antes no era un problema para mí.

—Con usted todo parece tan simple —le contestó Salomé, poniendo su mano sobre la de él.

—¡Ah, si todo fuera así de simple! ¿No es verdad, Anna?

No encontré nada que contestarle, así que le sonreí y terminé mi té.

Un sábado, a esta hora del día, el vecindario estaba animado.

La gente caminaba por la calle, en pareja o en familia.

El cielo era tan azul y la temperatura tan suave que nada malo podía suceder.

La terraza se estaba llenando y se empezó a volver ruidosa. Un grupo de jóvenes estudiantes se sentaron en la mesa de al lado y se empezaron a llamar alegremente unos a otros.

El Sanador se puso de pie. Me pareció elegante, con su sombrero Panamá crudo, su camisa blanca abierta, sus pantalones beige y su blazer azul marino.

Se ubicó entre las dos, con obvio agrado, y nos tomó del brazo.

—Vengan, amigas mías. Cerca de aquí hay un pequeño parque donde estaremos tranquilos para hablar de la historia de Elisabeth porque, como ven, ¡hay gente que no es gente!

Con el mismo reflejo, Salomé y yo paramos en seco.

—¿Qué dijo? —gritamos al mismo tiempo.

—Dije que hay gente que no es gente. Era el caso de algunas de las personas que nos rodeaban ¡pero ustedes no podían saberlo! ¡No, no se den la vuelta! No los verán.

»Este mundo es mucho más complejo de lo que pensamos —nos dice mientras caminamos hacia el parque, justo detrás de un viejo edificio de ladrillos rojos donde estaba escrito «Escuela de chicos». Mientras caminamos, él continúa la conversación: —Recuerden que todo es energía y vibración.

»Hay seres de fuerza entre nosotros que vienen de otras dimensiones, algunos son benévolos y los consideramos como *Ángeles de la guarda*, otros son negativos y pueden acercarse a la imagen que tenemos de los *Demonios*.

»Y otros, finalmente, no se preocupan por nosotros en absoluto y viven sus vidas desde la creación del universo. Sin embargo, sus vibraciones pueden incidir en nuestras vidas sin que ellos lo sospechen, porque esta energía que liberan es como agua pura y puede ser captada por la intención de hechiceros, morabitos, gurús y místicos diversos. O por todos y cada uno de ellos, con la oración, y también por algunos *sanadores* —dice con un guiño—. Ya se lo dije, señora, la intención está conectada a la energía como una vara de telesquí al cable. Sé que se divirtió mucho con eso.

De hecho, a mí me encantó la plancha conectada a la red eléctrica.

Creo que me sonrojé, y Salomé sonrió.

16
LA BRUJERÍA DE ELISABETH

El parque resultó ser una hermosa plaza florida con una fuente del siglo XIX en el centro. Había un equilibrio armonioso entre los rayos del sol y la sombra de los altos árboles centenarios.

Mr. Healer saca su péndulo en madera de boj de tono blancuzco pintado de verde. Se sienta entre nosotras. Había poca gente allí, la mayoría, madres con niños muy pequeños.

—Señor, ¿tenemos a nuestro alrededor personas que no son personas? —le pregunté.

—Siempre, amigas mías, siempre. Algunos pueden convertirse en aliados. Los míos nos garantizan la paz y la serenidad y convierten este espacio en un lugar de poder.

—¿Esto está relacionado con la historia de Elisabeth? —le pregunta mi nueva amiga.

—¡Bravo, Salomé! Qué manera tan inteligente de hacer que vuelva al tema que le interesa. De hecho, en esta historia, podrá entender cómo se utilizan esas vibraciones.

»Ya conocen las circunstancias de mi encuentro con Elisabeth. El día después de esta cena, vino a verme, alta y hermosa, vestida con un traje de chaqueta y pantalón negro que resaltaba un bello rostro pálido con grandes ojos negros, tan tristes.

“Señor, gracias por recibirme. Mi amiga Cathy quedó muy impresionada por usted anoche y, conociendo mi historia, me instó a venir a verlo lo antes posible, está muy preocupada por mí.”

“Cuénteme con detalle, señora, ¿cómo se siente?”

“Me estoy consumiendo, señor, esa es la palabra, ¡me estoy consumiendo! Puedo decirle que era una atleta, podía correr maratones, nadar en mar abierto, hacer salto con garrocha… Corrí los cien metros en las Olimpiadas. Y ahora, como ve, solo soy una sombra de mi antiguo yo, una sombra de la vibrante mujer que solía ser. Tengo dos hijas, ya no tengo fuerzas para hacer actividades con ellas y, por supuesto, esta intensa fatiga está afectando la relación con mi marido. Verá, le estoy hablando y ya estoy sin aliento, aparecen moretones en mi cuerpo sin haberme golpeado. Pero lo más terrible, señor, lo más incapacitante es la sensación de tener los oídos tapados, como si estuviera en un avión o bajo el agua. Al principio, ocurría de vez en cuando, pero ahora es permanente. Es terrible porque trabajo con mi marido en la inmobiliaria y tengo que estar al teléfono todo el tiempo, lo cual es un verdadero desafío para mí.”

Salomé y yo lo escuchamos atentamente.

—¿Ella consultó con médicos? — le pregunté.

—Por supuesto, y los mejores. Se hizo todos los exámenes, pero no encontraron nada... Vale aclarar que normalmente la gente que viene a verme ya lo ha intentado todo. Sentía la presencia de una de esas fuerzas negativas de las que hablábamos, ¡teníamos que acecharla!

—¿Y cómo hace usted eso? —pregunta Salomé.

—Primero con el diálogo. Haciendo las preguntas correctas y obteniendo las respuestas, como en una investigación policial —respondió Mr. Healer en un tono apasionado.

"Señora, ¿recuerda cuando empezó el taponamiento en sus oídos?"

"Hace unos diez años", respondió, poniendo las palmas de sus manos sobre sus orejas.

"¿Le duele?"

"Sí, ahora el oído está sordo, y silba al mismo tiempo", dijo.

Estaba empezando a entender lo que pasaba y le pregunté:

"¿La fatiga, la falta de aliento y los mareos empezaron al mismo tiempo?"

"No he dicho nada sobre el mareo, pero sí, ¡tiene razón! ¡Sabe qué! Ahora que lo menciona, sí, fue más o menos en la misma época."

"¡Antes de tener a sus hijas! ¿No es así?"

"Sí, es cierto, pero ¿cómo lo sabe, señor?"

"Simplemente lo sé, dígame qué pasó antes de que conociera a su marido."

"Era muy joven, trabajaba en una agencia inmobiliaria en un barrio muy bonito, el dueño era un hombre guapo y encantador. Una noche me invitó a cenar y luego fui a su casa... Me deslumbró y pronto me enamoré de él, fue un amor a primera vista y nos comprometimos poco tiempo después.

»Le iba bien en sus negocios y encadenábamos las ventas.

»Un día le dije que era como magia, me sonrió y me dijo: 'No sabes cuán cierto es eso, vamos, te presentaré a alguien.'

»Nos subimos a su coche y nos dirigimos a un gran y ruidoso mercado en un barrio popular de los suburbios.

»Frente a un puesto de productos orientales, mi falda ligeramente corta y mi pelo largo y desordenado no pasan desapercibidos entre las mujeres con velo, que empiezan a acercarse y a insultarme. De repente, todo se calma como por arte de magia con la llegada de un hombre vestido con un traje tradicional africano.

»Roger, mi prometido, me lo presenta: 'Elisabeth, te presento a mi muy buen amigo, *el Morabito*.'

»El hombre es imponente y está acompañado por una mujer morena muy bonita.

»'¡Elisabeth, por fin! Estoy encantado.' me dice. 'Mi amigo Roger me había hablado mucho de usted, pero se había mantenido modesto en cuanto a su belleza. Me gustaría presentarles a la hermana de mi esposa, Sara, cuyo sueño, como ven, es trabajar en el sector inmobiliario. Roger, imaginé que podrías enseñarle el oficio en tu agencia, ¿qué te parece?'

»No sabía por qué, pero esa mujer me hacía sentir muy incómoda. Su intensa y fría mirada hacia mí estaba en desacuerdo con su sonrisa y sus modales amistosos.

»Todo parecía estar mal, y Roger estaba subyugado por este hombre y listo para contratar a esta mujer en la agencia. Le sonreí y estaba a punto de darle la bienvenida, pero ella solo lo miraba a él, con tanta insistencia que me molestaba…

»Camino de vuelta al coche, Roger me tomó por los hombros: '¡Elisabeth! ¿Viste a ese hombre, mi amigo *El Morabito*, has visto lo poderoso que es, cómo se le trata con respeto y cómo los demás le temen? Nuestra fortuna depende de él. Era un poderoso hechicero en su país.'

»Me chocó lo que me dijo, me pareció claramente exagerada su amistad incondicional con este hombre. Le dije a Roger: 'Pero ¿viste la forma en que te mira? Sobre su frente dice: ¡Te deseo a ti!'

»'Deja ya los celos baratos, estás imaginando cosas. Haremos lo que nos pide, y punto.'

»Usted entiende, señor, que estaba obligada a cumplir sus exigencias, era al mismo tiempo mi prometido y mi jefe. ¡Pero sentía que todo esto era malsano!"

El Sanador se levanta y se pone el sombrero.

—Señoras, debo dejarlas. Continuaremos en otro momento. Siento dejarlas en medio de nuestra historia.

»Hasta pronto, cuídense —dijo, despidiéndose con las manos juntas.

17
LOS SIGNOS

Después de levantarnos para despedirlo, nos sentamos sin decir nada, cuando un balón azul con blanco golpea mi pie.

Un pequeño niño de pelo rizado se acerca a recuperarlo con una gran sonrisa en su cara. Su madre lo sigue y lo toma en sus brazos, excusando a su hijo, David.

Cuando se fueron, Salomé y yo los seguimos con la mirada hasta que una sonrisa cómplice se dibujó en nuestros labios y se llenaron de chispas nuestros ojos.

¿Y si hay, en todas las mujeres, una madre que espera su momento?

Después de que el Sanador se fue, nos acercamos la una a la otra.

¿Y si la naturaleza aborrecía el vacío?

Salomé saca una caja de caramelos de menta de su bolsillo y me ofrece uno, le pregunto:

—¿También hace eso contigo?

—¿Qué? —me respondió.

—¡Irse! ¡Dejar todo empezado! ¡No terminar su historia!

—Oh, ¿eso? ¡Sí, todo el tiempo! —dice ella, riéndose— ¿Qué esperas? ¡Es el Sanador! Es impredecible, lo tomas o lo dejas.

»Yo lo tomaré, y tú también, estoy segura. ¡Hay tan pocas personas que son personas!

La sonrisa cómplice que intercambio con Salomé se convierte en una carcajada.

Una paloma, luego dos, luego tres vienen a picotear a nuestros pies. El viento despega las hojas de los árboles.

El mismo balón vuelve a nuestros pies. El pequeño David viene a recogerlo con una gran risotada.

Estamos bien aquí. Estamos en silencio y es maravilloso no sentirse obligada a conversar.

A mi lado, siento el calor de Salomé. Ella sigue con los ojos al niño pequeño que juega a la pelota con su madre.

Siento en ella tristeza y también envidia. Ella hubiera querido estar en el lugar de esa mamá.

Levanto mi mirada al cielo. Era de una pureza infinita, transparente como el cristal azul. Las primeras hojas amarillas caen y se arremolinan a nuestro alrededor. El viento las lleva bien alto en el cielo.

—El Sanador habría dicho: ¡es *una señal*! —me dice Salomé—, la señal de que debemos irnos.

Por supuesto. Debemos estar siendo escuchadas por fuerzas desconocidas. El Sanador debe tener razón.

Gotas de lluvia empiezan a caer.

Nos levantamos. El cielo se estaba convirtiendo en una amenaza y el viento soplaba con fuerza. Esta encantadora plaza se estaba convirtiendo en un lugar aterrador.

Salomé me dice:

—La vibración ha cambiado completamente, puedo sentirlo. Mira, tenemos la piel de gallina.

Nos tomamos de los brazos y salimos corriendo, con nuestros tapetes de yoga en la cabeza para protegernos de la lluvia.

Un torrente de agua se derramaba sobre la ciudad, un *no sé qué* tropical me había atrapado.

Acurrucadas la una contra la otra, resguardándonos en el porche de un edificio, esperábamos un respiro para volver al salón de té al final de la calle cuando una pareja muy elegante pasa delante de nosotras. La mujer lleva un vestido estampado en tonos otoñales, un sombrero, un velo de red anticuado, botines de tacón alto y un bolso de cocodrilo color burdeos. Está sosteniendo el brazo de su compañero. Él está vestido con un traje gris de tres piezas, zapatos negros con cordones impecablemente pulidos, una camisa blanca con corbata negra y un sombrero negro de ala ancha que esconde sus ojos. La cadena del reloj salía de su chaleco.

—¿Viste esa pareja? —me dice Salomé— ¡Está lloviendo torrentes de agua y ni siquiera están mojados!

—Gente que no es gente, ¡deben ser ellos! —le digo— Están ahí, pero no están ahí… Es una sensación muy extraña. ¡Estoy empezando a entender al Sanador! ¡Se han dejado ver, deben ser sus aliados!

—Tienes razón, debe ser eso. ¡Le preguntaremos al Sanador, aunque tengamos derecho a su carcajada!

Salomé toma de nuevo mi brazo.

—Casi ha dejado de llover —dice—. Volvamos al café y tomémonos un buen chocolate caliente. Es delicioso allí, no es de paquete, es espeso y dulce. Como nos gusta…

18
LAURA Y LOLA

La terraza está casi vacía. Los estudiantes se han ido. La camarera nos está poniendo en la misma mesa.

—Laura, quiero que conozcas a mi amiga, Anna —le dijo Salomé.

— Buenos días, Anna, creo que ya nos hemos visto, encantada de conocerla.

»¿No está el Sanador con usted?

—No, ya se fue —respondió Salomé.

—¿Lo conoce usted bien?

Laura tiene unos cuarenta años, morena, alta y delgada, vestida de negro, un mechón de pelo blanco se pierde en sus ojos color avellana.

—Anna es periodista. Está escribiendo un artículo sobre el Sanador —le dice Salomé.

—Si le interesa para su artículo, puedo contarle cómo salvó a mi hija. Es un caso que, desafortunadamente, involucra a muchas adolescentes.

—Claro, ¡cuéntanoslo! —le dije.

Laura mira la terraza desierta por la lluvia.

—Vamos… No hay nadie alrededor, me sentaré con ustedes.

»Bueno, no es porque Lola sea mi hija, pero cuando le digo que es tan bella como un corazón y tan inteligente que es frustrante para nosotros los pobres mortales, en fin, hablo por mí.

»Esa mañana, Mr. Healer estaba sentado solo en la mesa donde usted está. Le llevo su habitual café alargado. Había pasado una noche terrible en la sala de emergencias, y se debía notar por la expresión de mi cara.

—En mi opinión, es más su vibración lo que él sintió —le dijo Salomé.

—Sí, eso fue lo que me dijo después.

»Había olvidado traerle un vaso de agua con hielo.

»Cuando vuelvo con el vaso, me dice:

"Está preocupada y agotada, señora, ¡lo comprendo!"

"Pero, ¿cómo lo sabe, señor?"

"Yo soy el *Healer*, un sanador. Pude sentirlo en su vibración, pero no es por usted que está preocupada, ¿verdad?"

"No, de hecho, es por mi hija de diecisiete años, Lola. ¿*Un sanador*? ¿Cree que podría ayudarme?

»Tendría que contarle, pero ahora no puedo.

»Salgo en diez minutos, ¿puede esperarme?"

"Laura, claro que puedo ayudarla. Por supuesto que la esperaré. A la derecha, al final de la calle, hay una plaza con una fuente, ¿la conoce?"

"Sí, muy bien. Lo veré allí en quince minutos."

"Tómese su tiempo, la estaré esperando."

»Paga y se levanta.

Escuchamos a Laura con mucha atención. Después de echar una mirada a la terraza vacía y sin clientes, sigue contándonos su historia:

—¡No sé cómo decirlo, pero es como si mis oraciones hubieran sido escuchadas y que el cielo me hubiera enviado un ángel!

»Como por casualidad…

—¡El azar! —guiño de ojo de Salomé.

—… mi hija me recoge después de la escuela, lo que no había sucedido en mucho tiempo.

»Extrañamente, ella no protesta cuando entramos en la plaza. El Sanador está sentado en una silla de hierro frente a la fuente. Se levanta y camina hacia nosotras.

"Permítanme darles la bienvenida en este remanso de paz, lejos del tumulto de la ciudad", dijo.

»Debajo de su abrigo, llevaba un traje negro, corbata y camisa blanca. Vi que llevaba una cinta roja en la solapa de su chaqueta. Mi padre usaba lo mismo, sabía que era un Caballero de la Legión de Honor. Nos saludó, con las manos juntas como un hindú.

»Lola le devolvió el saludo:

"*Namaste*. ¿Quién es usted?", le dice ella.

"¡Yo soy el Sanador, y su enemigo! Vamos a luchar", dijo con una radiante sonrisa.

"Y, ¿piensa ganar?", le dijo Lola.

"Sin duda alguna, si acepta el desafío."

"¿Y cuál es la ganancia para mí?"

"¡Su libertad y el fin del sufrimiento!", le dijo El Sanador.

"¿Y para usted?"

"Bueno, verlas a las dos felices en familia."

»Créanme, nunca había visto a mi hija así. Se respondían al instante como un par de esgrimistas. Lola lo veía como el Mesías. Él la había enganchado por lo que ella más amaba, *la lucha de poder.*

"Debo dejarla ahora, he sido invitado a una recepción oficial.

»Aquí está mi dirección", dijo, entregando una tarjeta de presentación. "Señorita, mañana a la misma hora que hoy, después de la escuela."

No esperó su respuesta y se fue después de su saludo.

»¡Fue a verlo! La primera vez, la dejé en su casa y luego iba sola, siempre a tiempo para las citas.

»Nunca supe realmente lo que estaban haciendo…

»Me habló de conversaciones, de limpiar los chakras (ahora sé lo que es un chakra). Usted, con el yoga, debe saber…

»Me habló de risas y lágrimas, de aura y respiración…

»Pero vi a mi Lola cambiar, dejar de lastimar la parte superior de sus muslos, dejar de golpearme gritando, empezar a comer de nuevo y sobre todo vi desaparecer la tentación de suicidio que nos había llevado a la sala de emergencias una noche…

»En pocos meses, se tragaba la vida con un apetito desmesurado.

»Ahora vivimos en paz y armonía. Como les dije, un *ángel* pasó por aquí.

»¡Oye! ¡Hay gente en la terraza! Por cierto, ¿qué quieren beber, chicas? ¡Yo invito!

Me levanto y le doy un abrazo a Laura. Salomé le sonríe y le toma las manos.

—Por favor, tráenos un poco de tu excelente chocolate caliente.

—"Un ángel", dijo. A él le habría gustado —le dije a Salomé.

—Sí, seguro, ¡le habría encantado! —me dijo mientras sorbía su chocolate caliente.

—¿Cómo lo conociste? —le pregunté.

—¿Perdón? —me dice sorprendida.

—¡El Sanador! ¿Cómo se conocieron ustedes dos?

—Un amigo me lo presentó en circunstancias dramáticas. ¡Realmente necesitaba ayuda! No me mires así, es muy personal —dijo Salomé—. Pero realmente fue muy bueno. Cálido cuando lo precisaba, duro cuando era necesario, y luego solo presente como un amigo cuando ya había pasado la página. Aunque, honestamente, me hubiera gustado algo más.

—¡Ah! ¿Tú también fuiste encantada?

—¡Claro! Me sentía sola y frágil. Acababa de romper con un hombre y le había dejado claro que me gustaba -lo que demuestra sus cualidades-, pues habría podido fácilmente aprovecharse. ¡Tú también pareces bastante enganchada! —dijo con una suave sonrisa.

Esta chica es luminosa, su sonrisa viene del corazón.

—No lo sé, seré honesta contigo. ¡Sí, estoy enganchada! Pero es un sentimiento muy particular. He estado sola durante mucho tiempo, así que, claro, quiero estar enamorada, y el carisma de Mr. Healer lo hace muy atractivo a pesar de la diferencia de edad. Pero tengo la sensación de que no es lo que él busca.

Salomé tomó mi mano.

—No, no es una aventura lo que él está buscando —dice Salomé, entrecruzándonos los dedos—. Tampoco es paternalismo, pero es muy protector, ¿verdad?

—De hecho, creo que quiere compartir con nosotros el Arte de la Curación.

Él me dijo que no podemos ser curanderos si no amamos al otro, al espejo de nosotros mismos.

—Tienes razón. Cuando vino a mi casa para arreglar la espalda de mi madre, ella le preguntó ¿cómo podíamos evolucionar en la vida? Citó las palabras de Hermann Hesse:

"La vida de cada hombre es un camino hacia sí mismo, el ensayo de un camino, el esbozo de un sendero. Nadie ha logrado nunca ser completamente él mismo; cada uno, sin embargo, tiende a lograrlo, uno en la oscuridad, el otro con un poco más de luz, cada uno como puede."

Salomé se levanta con la destreza de una bestia salvaje para venir a sentarse a mi lado. Me recuerda a una pantera. No me ha soltado la mano. Estoy atrapada en sus garras. Tengo tanta curiosidad por su relación con el Sanador que, como si nada, le pregunto:

—¿Cuánto tiempo hace que lo conoces? ¡Oye! ¿Me dirás algún día por qué lo necesitabas?

—Eres demasiado curiosa —dice ella riendo. (Me suelta la mano para beber su té helado)—. Pero ese es tu trabajo, ¿no? Periodista.

»¿Sabes? ¡Me caes muy bien! Así que ya voy a responder a la primera parte de tu pregunta, aunque es muy difícil para mí. No, no digas nada, lo entenderás…

»Conocí al Curandero en una galería de arte en la inauguración de un amigo fotógrafo, Alberto Rosso.

»En esa época, yo era actriz. Intentaba entrar en el mundo del teatro y el cine.

»Mi agente pensó que unas fotos de desnudos se verían bien en mi portafolio, siempre y cuando fueran artísticas. Me presentó a este fotógrafo. Era conocido por su talento. Acepté posar para él porque me gustaba su trabajo.

»La sesión de fotos estuvo bien: me daba tranquilidad siendo exigente pero muy profesional.

»Nuestra sesión estuvo muy bien lograda. Las imágenes eran hermosas y, a decir verdad, no me odiaba a mí misma…

Siento su emoción. Está al borde de las lágrimas. Me acerco a ella y le tomo las manos, mientras continúa:

—Entre todas las fotos que habíamos tomado juntos, había una muy hermosa en blanco y negro: estaba tres cuartos desnuda, llevaba tacones altos, lo que resaltaba mi empeine, tenía mi pelo recogido en una moña, sostenida por mis manos.

»Mis pechos se podían adivinar, apenas iluminados por una luz claro-oscura.

»El Sanador se detuvo frente a esa foto.

»Llevaba vaqueros descoloridos, zapatos italianos, una mezcla fresca y sofisticada, una camisa azul claro y una chaqueta de gamuza con cuello de punto, con el pelo blanco cortado muy corto. Era sobrio y elegante.

»Alberto y yo vamos a unirnos a él:

"Estimado señor, veo que está interesado en esta foto que tomé con una *Hasselblad*, en película de plata, la calidad habla por sí misma, ¿no? Estamos lejos de ser digitales.

»La ampliación que ve es una impresión hecha por mí mismo, a la antigua, en papel *Ilford*, a partir de un negativo.

»6X6. ¡Veo que le gustan las imágenes bellas!"

»Mr.Healer parece despertarse mirándome y le responde con gran afabilidad:

"Es verdad, Sr. Rosso, me gusta su trabajo. ¡Puedo sentir lo apasionado que es con sus creaciones! Tiene el don de capturar la belleza de las formas de sus modelos, así como la gracia de sus almas. Esta fotografía me conmueve mucho."

"Exactamente, señor", dijo Alberto. "Permítame presentarle a la modelo, mi amiga Salomé, que me ha dado el honor de posar para mí. Pero, perdóneme, acabo de ver llegar a los invitados que esperaba, le dejaré en buena compañía."

"Qué placer conocerla, señora. Veo que el fotógrafo fue capaz de rendir homenaje a su belleza y también capturar cierta angustia. Espero no sorprenderla, a veces soy directo, soy el Sanador, como me dicen. Morris, nuestro amigo en común, debe haberle hablado de mí."

"Sí, claro, ¡qué coincidencia! ¡Siempre insiste en que lo conozca!", digo.

"La vida está hecha de coincidencias, señora. Momentos que coinciden con otros. Juntos, forman nuestra existencia."

»¡Anna! ¡Eso fue una locura! ¡Yo estaba tan angustiada que él lo sintió enseguida!

"Que interesante, ¿vio mi angustia en una foto? ¡Es muy acertado, señor! ¡Morris puede tener razón! ¿Y qué cura usted?"

»Se lo dije en tono juguetón para ocultar mi miedo, porque me había aterrorizado el hecho de que viera mi angustia sin siquiera conocerme, y Alberto no sabía nada de mí. ¿Qué pudo haberle dicho Morris?

"No se preocupe, señora, entiendo su angustia. Usted no me conoce, pero estoy con usted, ¡soy su amigo!"

»Me toma del brazo familiarmente, siento su presencia como una vibración cálida y cariñosa, mi miedo se calma y le muestro el resto de la exposición. En medio de otras cincuenta imágenes, hay una foto mía mostrando mi pierna, mi muslo y el esbozo de mi pecho.

"¡Me gusta mucho esta foto tuya!", dijo, mostrándomela.

"Pero ¿cómo sabe que soy yo? ¡Es imposible reconocerme!"

"Pues, es su vibración, Salomé, la siento."

"¡Cuidado! ¡Agáchese!"

»Se lanza sobre mí, me tumba al suelo, oigo las balas silbando sobre nosotros. ¡Grito de miedo! Oigo los alaridos de las mujeres, los gritos de terror de los hombres con armas automáticas de fuego…

»Nos quedamos sobre el piso, ¡inmóviles!

»Y entonces todo empieza a moverse en cámara lenta. Los policías entran en la galería.

"¡Quédense acostados, mantengan las manos en el suelo, no se muevan!"

»Se dejan llevar por el estruendo de las sirenas de la policía y las ambulancias de bomberos…

»Estaba acostada al lado del Sanador. Me salvó la vida y convirtió su cuerpo en un baluarte. Podía sentir su olor, que contrastaba con el olor del miedo que venía de los cuerpos que estaban tumbados a nuestro alrededor.

»¿Quién estaba muerto? ¿Quién vivo?

»Cruzo con los ojos de Alberto, el fotógrafo, que no está lejos de mí. Su mirada está vacía y un charco de sangre se extiende lentamente alrededor de su cabeza. Siento como un largo gemido que sale de las profundidades de mi ser… Había vivido tanta violencia, anhelaba estar finalmente libre de ella…

»Con gran suavidad, el Sanador me levanta y me lleva en sus brazos. Lentamente, dejamos la galería.

»Afuera es el caos, un campo de batalla.

»Cuerpos por todas partes, en la calle y en las terrazas de los cafés.

»La policía y los rescatistas se apresuraron para llegar donde la gente tendida en las aceras, ordenando a los heridos que gimen pidiendo ayuda y a los muertos que están envueltos en grandes coberturas de plástico negro.

»Los teléfonos celulares están sonando por todas partes, las familias están tratando de comunicarse con sus seres queridos.

»Avanzamos lentamente a través de este caos surrealista y aterrador. Todavía estoy en sus brazos.

»Sorprendentemente, nadie nos detiene, como si no fuéramos vistos, ¿nos habíamos vuelto invisibles?

»Mr. Healer, apenas sin aliento, me pone delante de un gran coche negro. Mi cerebro está paralizado y mi cuerpo, tembloroso, no responde. Abre la puerta del pasajero y me pone en el asiento, abrocha el cinturón de seguridad, se pone al volante y nos vamos, cruzando columnas de policías y coches de emergencia. Al llegar a casa, le sugiero al Sanador que se estacione y entre, pero me deja frente a la entrada del edificio.

»Extiendo mis labios, agarro su cuello.

"¡Venga conmigo! ¡Necesito un trago y me gustaría compartirlo con usted! No quiero estar sola, quiero estar con usted. ¡Me ha salvado la vida!"

»Puedo decirte, Anna, que mi pequeño vestido negro se había subido hasta la cintura, las piernas, descubiertas sobre mis medias negras. Nunca un hombre se había negado a subir a mi casa. Por lo general, me cuesta mucho deshacerme de ellos. Muy suave, tiernamente, me empuja de nuevo a mi asiento. Salgo del coche tambaleante, como si estuviera borracha, viendo en qué estado estaba. Finalmente, estaciona el coche y me acompaña a mi apartamento, me acuesta en la cama y me deja en mi habitación, como un perfecto caballero.

"La dejo, Salomé, creo que va a estar bien. Hablaremos mañana. Debo volver allá, estoy seguro de que puedo ayudar."

»Anna, ¿querías saber cómo conocí al Curandero, o más bien cuándo? ¡Bueno, ahí está! En la noche del ataque terrorista más mortífero que se ha conocido en nuestra ciudad.

Me quedé en silencio, muy conmovida por su historia. Solo pude tomarla en mis brazos y abrazarla fuerte.

¡Estaba preocupada! Esa noche se suponía que iba a cenar con una amiga en uno de los restaurantes afectados por el tiroteo. Ella había tenido un problema de último minuto y había cancelado, ciertamente salvó nuestras vidas.

—Ven, vamos a mi casa, está justo enfrente —me dijo Salomé— el Sanador se unirá a nosotras.

—¡Con gusto, lo llamaremos!

—No tienes que hacerlo. Vendrá, no te preocupes —dice ella.

En cuanto nos instalamos cómodamente en un sofá de su terraza, sonó el timbre y se unió a nosotras, subiendo rápidamente las escaleras, como un joven.

El gato negro viene a frotarse en sus piernas, maullando y ronroneando de placer.

El crepúsculo se estaba tomando su tiempo. Un poco de viento fresco viene a acariciarnos. En el cielo se extienden bandas de colores desde malva hasta oro, el aire es transparente.

De repente, llega la noche, como proyectada por una fuerza invisible.

Habíamos comprado sushi y tartas de fresa, acompañadas con una copa de champán, que Mr. Healer no rechazó.

En la penumbra, sus ojos brillan con picardía: sabe que estamos esperando el resto de la historia y hace que dure el placer:

—Amigas mías, es hora de contarles el resto de la historia de Elisabeth. Sé que la están esperando con impaciencia.

»Después de mi conversación con ella, tuve la certeza de que, años atrás, Elisabeth había sido víctima de un conjuro creado por este morabito profesional. Sentía que ella llevaba un objeto imbuido de un hechizo maligno. Tenía que estar en su piel para que fuera más efectivo. Debía pedirle que lo buscara y lo encontrara.

"Elisabeth, dígame, ¿lleva puesto algo que su exprometido le hubiera ofrecido? ¿Una prenda de vestir, tal vez? ¿Un bolso? ¿Una bufanda? ¿Una joya? Sí, ¿un anillo? ¿Un brazalete o un reloj? Recuerde, ¡busque bien!"

»Yo había sospechado lo que podía ser y el péndulo me lo había confirmado, pero ella tenía que encontrarlo por sí misma.

"No, nada, no lo sé. Fue hace tanto tiempo", dijo. "Me regaló lencería, algunos vestidos, pero lo dejé todo cuando me fui de su casa." Ella miró sus manos. "El anillo de compromiso, se lo devolví. El brazalete, se lo tiré a la cara. Rompí el jarrón en el pasillo. Y esa Sara riéndose…

»Los había encontrado juntos en nuestra cama. Yo gritaba y lloraba. Ni siquiera me miró y volteó la cabeza hacia el otro lado.

»Di un portazo y salí corriendo. Ni siquiera se levantó para retenerme. En solo tres meses, ella lo había hechizado, eso era seguro. Cuando esta mujer, esta Sara, vino a la agencia, le mostré todo, le enseñé todo y ella fingió ser amable conmigo, ¡pero era a él a quien quería!"

»Estaba reviviendo la escena. Las lágrimas salían de sus ojos. Retorcía las manos. Gritando, desesperada…

"No logro encontrarlo, no lo sé, señor. ¡Ayúdeme! ¡Se lo ruego! ¡No puedo soportarlo más!"

»La compadecía por todo su dolor. Necesitaba orientación, el hechizo era tan poderoso que la había cegado…

"Busque, Elisabeth, ¡busque bien! ¿Cuál es su peor invalidez?"

"¿Lo peor? Por supuesto, son mis oídos." Tocándolos, de repente grita: "¡Los pendientes! ¡Mis diamantes! Me los dio y siguen ahí atornillados, los había olvidado, ¡nunca me los quité!"

"Perfecto. Es eso. Puedo confirmarlo. Los vamos a quitar, ¿de acuerdo?"

»Elisabeth temblaba como una hoja.

»Los diamantes eran puros, de un hermoso color, engarzados en cuatro garras y cerrados por un sistema de tornillos.

"Señor, ¡ahora me acuerdo! Sara estaba allí cuando Roger me los dio en una caja roja. Quería verlos y fue ella misma quien atornilló los cierres. Me dijo: 'No te preocupes, los he apretado bien, no los perderás'. ¡Señor, tiene que quitármelos! ¡Tiene razón!"

»¡Por fin lo había encontrado! La decisión tenía que venir de ella misma para poner fin al mal de ojo que habían echado sobre estos diamantes el morabito y su cuñada.

"En efecto, está muy claro, ¡no lo dude! Comience a desenroscarlos uno por uno", le dije.

»El de la derecha fue fácil de quitar, pero el de la izquierda estaba atascado. No pudo hacerlo, tuve que ayudarla. Tomé un par de alicates para desenroscarlo, y cuando finalmente logré quitarlo, ¡sintió una terrible presión en sus oídos! Una presión tan fuerte que yo también la sentí. Grita y cae de rodillas con las manos sobre las orejas…

»Y luego, nada, silencio… ella lloraba…

"Elisabeth, ¿está bien? ¿Puede oírme?", le pregunté.

"Sí, señor, le oigo claramente, ¡es un milagro! ¡No más sonidos ahogados! ¡No más ruidos parásitos! ¡Gracias, gracias!", me dijo sollozando…

—¿Y luego qué pasó? —le pregunté.

—Elisabeth volvió varias veces. Trabajé en sus chakras, que se habían afectado mucho por esta agresión, y, poco a poco, recuperó su forma y buen humor. Sus oídos nunca más se taparon.

Esperaba mucho del Sanador, pero esto… ¡esto era enorme! Salomé no decía nada, se contentaba con beber su copa de champán.

—¡Pero eso pasó hace tanto tiempo! ¿Cómo es que sigue siendo tan poderoso? —pregunté.

Y fue Salomé quien me respondió:

—Los hechizos son como los virus. Si no se eliminan, el organismo se infecta y la persona puede morir por ello, incluso si la persona que lo creó muere o ya no piensa en ello.

—Y eso es lo que te pasó a ti, ¿cierto? ¿Es eso de lo que no quieres hablarme?

—Sí, pero ya te dije, tal vez un día —me indicó.

Me dirigí al Sanador, que ya estaba de salida:

—Usted sabe, ¿no es así? ¿Lo que ella no me quiere decir?

—No me corresponde responder. Ella es libre de contarle o no la historia de su vida. Yo solo lo hago si se me autoriza.

—¿Elisabeth lo autorizó? —¡le pregunto, feliz de discutir con él y tal vez pillarlo en un defecto!

—Claro que sí, señora, ella me autorizó a contar su historia para que las mujeres jóvenes sean menos crédulas y no se arriesguen a caer en manos de los hechiceros —me dice en el tono de un maestro de escuela.

—Por lo demás, todo es verdad —dice Salomé— ¡Loco, pero cierto!

No querían que me fuera, había ganado una hermana y supongo -como decirlo- un amigo; una nueva familia.

Estaba feliz, hace tanto que no me sentía así.

Me habría quedado, pero tenía que pasar por la casa de mi madre y dejar que los dos terminaran el champán.

19
EL PÉNDULO

Mr. Healer vivía en un tranquilo suburbio residencial.

Estaciono mi auto frente a su casa y me sorprende encontrarme con Josy, la vendedora de la boutique. Parece que vuela sobre los escalones, a pesar de los altos tacones de sus zapatos negros.

Lleva un vestido blanco de manga corta, su pelo desordenado, parecía una jovencita.

—¡Hola, Josy! ¡Qué sorpresa, a miles de kilómetros de tu casa! ¡Estás en forma, da gusto verte así!

—¡Oh, Anna, hola! ¡Qué alegría verte! Aproveché que vine a ver al Sanador, para visitar a mi familia y amigos que viven en este sector.

»Fue mi tercera y última sesión. Todos mis chakras están en su lugar. Me siento genial, ¿y tú?

—Hoy será la segunda sesión —le digo—, ¡pero ya estoy mucho mejor! Por cierto, no pudimos hablar la última vez en la tienda, estabas muy ocupada, pero me gustaría hablar contigo. ¿Podemos tomar un café? Si puedes.

—Sí, con mucho gusto. Aquí está mi número. Me quedaré un mes, tendremos tiempo para ir a comer algo juntas.

Nos despedimos como viejas amigas que comparten una experiencia única.

El pronóstico del tiempo había predicho tormentas para el final del día, pero el cielo seguía azul y un suave viento arremolinaba su vestido.

Por el placer de probar mi espalda, corro por las escaleras. Me había puesto unos jeans negros ajustados, bailarinas, una camiseta blanca y gafas de sol que me sujetaban el pelo.

La puerta de la casa estaba abierta. Entro y voy al salón. Me siento en un sofá blanco y espero al Sanador, que no tarda en llegar.

—Buenos días, señora, ¿se encontró con Josy? Ella está bien, ¿no? Es un éxito, será una gran madre —me dice.

—¿Va a tener un bebé? —me sorprendió— ¡Pensé que la había curado de problemas en el nervio ciático!

Parece que yo tenía el don de divertirlo, porque el Sanador lanzó una gran carcajada.

—No, no, nada de bebés —dice, riéndose—. No está embarazada, pero ahora puede ser mamá cuando quiera. Aproveché la oportunidad para sanar otros chakras: el error es que al cuerpo lo dividen y lo tratan por partes, y a la mente se la trata por separado. ¡Es absurdo, cuando realmente somos un todo! Debemos sanar y revitalizar de manera holística. Josy experimentó un gran trauma cuando era muy joven y la ciática fue una de las consecuencias. Al haber restablecido la circulación de la energía en todos sus chakras, esta dolencia terminó.

—Pobre Josy, ¿qué fue? ¿Puede decírmelo? —pregunté.

—No, por supuesto que no, estoy obligado a la confidencialidad. Pero créame, señora, fue verdaderamente horrible. ¡Yo había sentido que había sido algo serio! No lo juzgo, porque sé que el comportamiento humano se debe a perturbaciones de *intención*. Sin embargo, todavía hay momentos en los que me desconcierta la abyección de la que son capaces algunas personas. De todos modos, hable con ella, estoy seguro de que se lo dirá y lo juzgará por usted misma.

—Claro que sí, lo haré. Tenemos planes para salir a almorzar o cenar. La llamaré cuando salga de su casa.

Estaba furioso y sobre todo muy conmovido. Me doy cuenta de lo difícil que debe ser para él compartir el sufrimiento de sus pacientes, dada la empatía e hipersensibilidad que yo le estaba descubriendo.

—Señora, ¿está lista para continuar su sanación de hoy?

—Por supuesto, señor, ¿no me había dicho que se necesitaban tres sesiones para reequilibrar mis chakras?

El Sanador está tan elegante como siempre, aunque informal, con su camisa de lino azul celeste sobre sus vaqueros desteñidos. Estaba descalzo. No le oí entrar.

Sostiene en su mano un pequeño bolso de terciopelo azabache, del cual saca una bola de madera natural suspendida por un hilo negro.

—Es un péndulo, ¿lo conoce? —me dice, con una sonrisa.

—Sí, he visto péndulos de cristal antes, pero una bola de madera como esta, ¡nunca! ¿Es un péndulo de madera hecho especialmente para usted?

—No, para nada. ¡Puedes encontrarlo a la venta en Internet!

»Solo necesito imbuirlo de mi vibración. Este está hecho de boj, es adecuado para nuestra sesión. Tengo otros péndulos para diferentes exploraciones.

El Sanador me designa una silla *de diseño* blanca sobre rodachinas.

—Puede sentarse en esa silla, ¡gracias!

Se acerca a mí y siento rápidamente el calor de su mano izquierda sobre la parte superior de mi cabeza.

Frente a nosotros en la pared hay un espejo. Puedo ver el péndulo girando en el sentido de las agujas del reloj al final de su mano derecha.

Su mano izquierda desciende a lo largo de mi frente a la altura de mi tercer ojo, la vibración es intensa, indescriptible: una mezcla de calor y presión, que penetra hasta el corazón de mis átomos y los revitaliza, despertando energía. Pienso en el poema de Walt Whitman, en «Hojas de hierba»:

"Me celebro a mí mismo y lo que digo de mí es cierto para ti, porque cada átomo de mí es también tuyo."

De arriba a abajo, escaneando mi aura, el Sanador está probando mis chakras con el ritmo de los círculos del péndulo.

A la altura del plexo, su mano desencadena una ola de calor en mi espalda, en el lugar donde solía estar mi antiguo dolor, es violento y delicioso al mismo tiempo...

—¿Si ve? Estoy en el borde de su aura. Desde la última vez, ha doblado su amplitud —me dice.

Sus brazos merodean a un metro de mi cuerpo. Sin embargo, puedo sentir la intensidad de su vibración. Tenía la sensación de estar cayendo.

—Estoy mareada, señor, ¿qué me está haciendo?

Mr. Healer pone su mano en mi frente, pronto el vértigo desaparece y me vuelve la calma.

—He reactivado la energía de sus chakras, que ahora están girando en la dirección correcta. Algunos de ellos estaban desvitalizados, pero no se preocupe. Necesitaremos una sesión más para finalizar —dijo.

Me sentía eufórica, como si estuviera volando, sus cuidados me habían sobrexcitado.

Lo tomo del brazo y lo llevo afuera.

—Hábleme de otro paciente, uno fácil, uno simple. El dolor, el magnetismo, el logro, ¡ya ni siquiera duele! Me siento tan bien, cuénteme, ¡por favor! Debe tener algo en su memoria.

Camina a mi lado sonriendo, feliz de verme tan bien.

El jardín estaba coloreado con un cielo rosa y dorado, un vuelo de pequeños pájaros arcoíris bailaban y cantaban en la luz. El pasto era tan verde que enviaba un mensaje de amor y esperanza al mundo y a mí.

—¡Qué belleza, qué armonía! —dije.

—Esta armonía, como dice, es el modelo que nos da la naturaleza, de nosotros depende seguirlo. Como puede ver, no hay ningún gasto innecesario de energía. Todo está íntimamente conectado.

Nuestra vida no es diferente a la de una flor o un árbol. Usted, que se interesa en el budismo, ciertamente conoce este magnífico texto Zen de Thomas Hardy llamado «La espera»:

"Una estrella me mira y dice:

'Aquí estamos, tú y yo, cada uno en su lugar...

¿Qué vas a hacer al respecto?'

Yo respondo: 'Hasta donde sé, esperar y dejar pasar el tiempo, hasta que llegue mi hora'.

'Yo también, dice la estrella, yo también'."

—¡Y yo también! —le respondí. Un poco para provocarle.

—Bueno, yo no —dijo riendo—. No tengo tiempo para esperar, tengo una vida llena hasta el tope. Así que, ¿fácil? Quieres una historia simple, ¿no? La verdad es que no existe tal cosa. Nunca es sencillo.

»En el corazón de cada historia está el sufrimiento de un ser humano.

El Sanador saca un sobre de su bolsillo con dos hojas de papel dobladas en tres.

—Mire, por ejemplo, recibí esta carta que me conmovió mucho. Puede leerla:

Buenos días, señor:

En primer lugar, me gustaría desearle mis mejores deseos de salud, alegría y prosperidad.

Vengo de parte de Paula D., que es mi mejor amiga.

Me aconsejó que me pusiera en contacto con usted; pero es sobre todo el ver cómo ha cambiado su comportamiento gracias a sus cuidados lo que me empuja a llamarle.

Durante mucho tiempo, he estado sufriendo y encontrándome con un malestar, una presión moral, una presión familiar (los celos de mi madre) que me bloquea en todos los sentidos.

Profesionalmente: entrevistas profesionales muy positivas, pero que nunca se concretan (acoso profesional, celos, perversidad).

Sentimentalmente: bloqueos amorosos (amo a alguien, pero la vida se las arregla para separarnos).

Por supuesto, ni siquiera la distancia hace la diferencia. Dejé la ciudad, amigos, trabajo para establecerme a 800 km de mi madre, en Provincia.

Aunque hoy estoy lejos, recibo esta presión aún más (acoso telefónico, manipulación, presión moral, chantaje, culpa).

Todo esto me causa trastornos físicos y psicológicos que son muy embarazosos y no puedo controlar nada.

Depresión, fatiga, una gran migraña, aumento de peso.

Me siento como si estuviera completamente perdida y ahogada en medio de esta tormenta. Ya no veo el camino a seguir, ni la tierra sana.

Ya no sé qué hacer ni cómo hacerlo.

Hoy le pido a usted, señor. Estoy seguro de que me puede ayudar. La principal preocupación es que vivo en el sur y subo principalmente los fines de semana -cuando no estoy en viaje de negocios-, llegando el viernes por la noche alrededor de las 8 p.m. y volviendo el domingo por la noche a las 7 p.m.

¿Sería posible que me recibiera los sábados (por la mañana o por la tarde, según le convenga)?

Si puede ayudarme, dígame lo que tengo que llevar (fotos, documentos, etc.) y sobre todo sus honorarios, no me estoy revolcando en oro (obviamente), pero quiero salir adelante.

¡Gracias por leerme!

Espero tener noticias súyas.

Muy buen día.

Atentamente,

Sofía G.

Me conmovió mucho, entendí lo que quiso decir con *el Otro*, igual que nosotros…

Esa persona -Sofía- podría ser yo o una de mis amigas. Algunos de sus problemas son específicos y otros más generales, pero todos podríamos padecerlos.

¿Deberíamos creer en la atracción universal? Ya que el azar no existe, ¿existiría el «Secreto»?

Esta mañana, antes de hacer mi práctica de yoga, decidí meditar en uno de los textos de Walt Whitman, «Hojas de hierba»:

"He aquí los pensamientos de todas las edades y países;

no son solo míos.

Si no son tan tuyos como míos, no son nada o casi nada.

Si no son el enigma y la solución al enigma, no son nada.

Si no están tan cerca como están lejos, no son nada."

—Dígame, señor, ¿va a ver pronto a Sofía?

—¡Sí, por supuesto! Apenas sea posible… Tan pronto como ella pueda…

20
STEPHEN Y EL TELÉFONO INTELIGENTE

Habíamos dejado el jardín y continuamos caminando hasta un pequeño cuadrado encastrado con una fuente de agua en cascada.

Un banco de piedra del siglo pasado parecía invitarnos a compartir su inmortalidad.

El Sanador me hace señas para que me siente.

Yo quiero mi historia de curación, mientras él sueña frente a la cascada escuchando el canto de los pájaros.

—Dígame, señor, cuando la gente no puede desplazarse, ¿puede tratarlos a distancia?

—¿A distancia? ¡Claro! En otro tiempo, era con una carta, o con una miniatura.

»Y, más tarde, la fotografía y luego el teléfono.

»Ahora hay cámara en vivo, imagen y sonido, ¡eso es mágico! —dijo mostrándome su último teléfono inteligente—. De hecho, antes de que usted llegara, estaba en comunicación con Stephen J. ¡Sí, un hombre! También tengo pacientes masculinos.

—¡Señor, por favor, cuénteme! ¡Un hombre es muy bueno para mi artículo! Creemos que solo las mujeres van a ver a los sanadores.

—De hecho, a menudo son las mujeres las que me envían a los hombres. Fue una paciente mía quien me presentó a Stephen.

»Un joven de treinta y cuatro años, ganador de un importante concurso de pintura, que abría al vencedor las puertas de las mejores galerías de arte del país, se había convertido en el blanco de violentas envidias, un mal de ojo que se había transformado en un temible hechizo.

»Desde entonces, Stephen había estado acumulando problemas de salud y estaba experimentando un bloqueo en su vida emocional y profesional. A petición de nuestra amiga mutua, se pone en contacto conmigo y hacemos una cita para el sábado siguiente, su estado se está deteriorando.

»Vive al otro lado del mundo, por lo cual, para esta urgencia una video llamada es la mejor solución. Le voy a contar cómo se desarrolló esta sesión tan peculiar:

»Stephen está sentado en un sofá. La imagen abarca su cabeza y su pecho. Pongo mi mano izquierda sobre él y giro en el sentido de las agujas del reloj, mi mano derecha sostiene mi péndulo de madera, que rápidamente comienza a girar en la misma dirección…

"Stephen, va a cerrar los ojos y concentrarse. Avíseme en cuanto empiece a sentir vibraciones."

»(El momento del contacto se revela rápidamente con un ligero calor en la cabeza y el pecho. Las palmas de mis manos están ardiendo).

"El calor está aumentando", dice, "y tengo una fuerte vibración en mi frente, es muy intensa..."

»¡Tomo un retorno de esta vibración e identifico una fuerte intención de mal destino, con la confirmación del péndulo!

"Stephen, ¿usted cree en el mal de ojo?"

»No se sorprende, y se toma la cabeza entre las manos...

"¡Claro! Eso es también lo que me dijo mi madre. También tiene esta impresión, viene de una familia del sur de Italia, siempre tiene protecciones sobre ella", me dice.

»A petición mía, nos tomamos un descanso para reconcentrar nuestras energías...

El Sanador me dice:

—Recuerdo una paciente que tuvo los peores problemas al divorciarse de su marido, que era de la misma región, ¡hay profesionales allí! Recuérdeme que le cuente su historia, señora.

—¡Claro! ¿Cómo se llama? —¿Una historia más? ¡Qué regalo! ¡Estoy encantada!

—Clara. Recuérdeme a Clara —dijo.

—¡Ah, sí! ¡Ya me había hablado de ella! Clara. Se lo recordaré.

El Sanador continúa la historia:

—Reanudamos diez minutos más tarde, Stephen está más relajado y bebió agua. Lo había sentido muy deshidratado. El calor en su frente es inmediato.

"Me arde la frente, la presión en mi pecho es tan grande que siento como si me estuvieran pisando", dijo con voz ahogada.

»Mantengo esta presión durante unos quince minutos hasta que la sensación disminuye, luego me tomo otro descanso. Sé que estoy cerca de la extracción del maleficio… Reanudamos después de diez minutos. Cuando lo llamo, Stephen está muy receptivo, la barrera del hechizo se está desmoronando, sus chakras son más accesibles, le pregunto:

"¿Cómo se siente, Stephen?"

"Un líquido caliente y energético circula en mi cuerpo saliendo de mi cabeza, con una sensación muy agradable en mis pulmones", dice.

"Mucha presión, ¿no es así?"

"¡Más que eso, señor! Es increíble, hay un llamado en la puerta de mi pecho: Toc toc, la puerta se abre lentamente. Veo un rayo de luz que se hace cada vez más grande, cada vez más fuerte. ¡Es muy impresionante!"

"No se preocupe, Stephen, es su chakra el que se abre y se revitaliza, ¡la energía viene a usted!", le dije.

"Es una intensa sensación de frescura, como esas pomadas de menta que mi madre me ponía cuando era pequeño y me resfriaba. Es una sensación muy fuerte, ¡encontré una parte de mí que había desaparecido!

»Gracias, señor", dijo.

"Hasta pronto, Stephen. Tenemos dos sesiones más para finalizar este tratamiento."

»El péndulo deja de girar, la sesión ha terminado.

»Su cara se ha relajado, los chakras se han limpiado y funcionan de forma natural.

»El mal de ojo debido a la envidia de su éxito se ha disuelto.

Más tarde, me envía un mensaje: "Soy feliz…"

»La segunda sesión tiene lugar en dos partes con una sola pausa de unos diez minutos. Tose y tiene dolores de cabeza por la mañana.

»Cuando paso mi mano, Stephen responde muy rápidamente. Siente calor y presión en el pecho, que después se convierte en escozor.

»El péndulo me advierte de restos de cicatrización que quedan en el pecho.

»Al nivel de la cabeza, la presión y el calor están en el chakra del tercer ojo. Lo siente fuertemente y me habla de una caída de líquido caliente, como de pintura sobre su cara, lo cual es una señal de buena actividad del chakra. Descubro de nuevo una gran deshidratación. En el descanso, va a beber agua y, cuando empieza una vez más, se mejora. Mientras tanto, el calor no ha salido de su pecho, reviso todos los chakras de nuevo y hacemos una cita para la tercera sesión.

El Sanador se levanta del banco y me dice:

—Vamos, señora, vayamos a casa y le contaré el resto mientras caminamos.

Lo sigo. Hace bonito día. La calle ha cobrado vida. La gente se va a casa persiguiendo a los niños que salen de la escuela, jugando y gritando en la acera.

—Al final de la semana nos encontramos de nuevo en la pantalla. Stephen está cansado, trabaja mucho. Mi mano izquierda gira sobre él y la derecha sostiene el péndulo. Siente una presión en el pecho que se convierte en una quemazón que no es dolorosa.

»La presión sube hasta su cuello, siguiendo la línea de su tos, que se ha espaciado bastante. Siento que estamos llegando al final del mal de ojo. Después de una pausa, trabajo en el chakra del tercer ojo sobre el puente de la nariz, justo entre los dos ojos.

»Él me dice que siente como un túnel que succiona la negatividad fuera de él.

»Comprobé con el péndulo: todos los chakras funcionan y el aura está bien proporcionada, envolviéndolo todo alrededor de su cuerpo. El tratamiento está completo…

—¿Y después tuvo noticias de él, señor?

—Sí, mientras tanto, había recibido nuevas propuestas profesionales y las respuestas que esperaba.

21
EL DON

—Sanar a través del teléfono, señor, sigue siendo una gran cosa, ¿qué piensa usted en el fondo?

—De todas maneras, funciona. Incluso he notado que a veces los resultados son más rápidos, más directos y, en cualquier caso, al final son idénticos—me dice—. Cuando las personas están en casa, en un entorno familiar, son más receptivas, menos inhibidas por mi presencia y los movimientos que tengo que hacer. Con la física cuántica, la distancia y el tiempo no existen: no hay fronteras, no hay límites.

»Es una interacción directa entre dos *no sé qué*. Es el misterio del *don*.

—Me ha explicado el origen de este *don,* señor, pero no de qué está hecho y qué se siente al poseerlo.

—No soy el dueño, señora. Recibí este *don* que tengo en mi poder. Estoy orgulloso y feliz de ello, pero con gran humildad. Solo soy el *mensajero* entre la *energía* y los seres.

—¿Un *mensajero*, dice? ¿Cree que sería Dios quien lo inspira?

—¡La vida me inspira! —dice él—. Sabiamente, la Biblia llama a Dios: *"El que no tiene «Nombre»"*, *"El que es"* y nosotros estamos hechos a *"Su Imagen"*.

»Durante mucho tiempo, he tenido la sensibilidad de ayudar a la gente, porque yo también estoy hecho a su imagen. Sus penas son mías, sus preocupaciones, sus alegrías, las comparto. Esta es la condición humana. Hemos sido una línea de curanderos desde el principio de los tiempos. Verá, no puede haber nada simple. No soy una medicina que se traga y listo. No soy soluble. Ya no le duele, todo está bien, y nos olvidamos —dice.

Me gustaba la expresión «no soy soluble». La idea de comparar a Mr. Healer con una pastilla de aspirina era cómica. La forma en que me hablaba era muy conmovedora, con motivación y sinceridad. Me sorprendió porque era diferente de la persona de la cual yo me había hecho una idea.

Lo había percibido como cínico, como mi abuelo, uno de esos grandes e impresionantes médicos que caminaban por los pasillos del hospital con sus batas blancas y sus grandes abrigos negros, seguido de una corte de internos tomando notas.

22
LA GENTE QUE NO ES GENTE

Llegamos frente a la entrada de la casa cerrada por una gran puerta de hierro forjado negro que da a la calle. La gente está vestida con ropa deportiva para caminar, trotar, andar en bicicleta y patinar, en un ambiente de barbacoa entre vecinos.

—¿Me va a decir usted, señor, que entre ellos, en la calle, hay gente que no es gente? Pero ¿quiénes son?

—Sí, algunos están ahí, los veo, son seres de otra vibración. Viven en varios mundos al mismo tiempo —dice.

—¿Y qué es lo que hacen? ¿Cómo los llamaría? —le pregunté.

—Son *chamanes, hechiceros* y *brujas*, pero los llamaré *Zahoríes*, porque tienen el *Conocimiento* de la energía que pudieron extraer de la fuente.

—Pero, señor, ¿cómo explica a esta gente?

—En la vida cotidiana, compartimos nuestro estado subjetivo con otros humanos. Es por eso que sabemos en todo momento lo que harán en determinadas situaciones.

—¡Ay, no! ¡Precisamente no saber cómo reaccionarán los demás es una de las cosas más emocionantes de la vida!

—Por supuesto, no sabemos exactamente lo que van a hacer —continuó pacientemente—, pero podemos enumerar las posibilidades. La lista sería larga, pero no infinita, y para elaborar esta lista, no es necesario pedir la opinión del otro. Solo tenemos que ponernos en su lugar, el estado subjetivo es el mismo para todos. Llamamos *sentido común* a nuestro conocimiento subjetivo del mundo. Puede variar de un grupo a otro, de una cultura a otra, pero es lo suficientemente homogéneo como para justificar la idea de que el mundo cotidiano es un mundo intersubjetivo.

»Por otro lado, con los *Buscadores*, el sentido común al que estamos acostumbrados ya no funciona en absoluto. Poseen un tipo diferente de *sentido común* porque su estado subjetivo es diferente.

—¿Quieres decir que son como seres venidos de otro planeta?

—Sí, más o menos —dice, riéndose.

—¿Por eso son tan secretos?

—No creo que *secreto* sea la palabra correcta.

»Ellos no ven el mundo cotidiano de la misma manera que otras personas. Nos parece que su comportamiento está hecho de secretos porque no tenemos los mismos puntos de vista y no poseemos el criterio para medir su sentido común, preferimos calificar su comportamiento como secreto.

—Pero, si hacen todo como nosotros, deben dormir, comer, leer —respondí—. Sin embargo, nunca los he visto.

Mr. Healer sacude la cabeza sonriendo y dice:

—Usted vio solamente lo que ellos quisieron que viera, pero no le ocultaron nada. No podía verlo, eso es todo, porque no estaba vibrando en la misma frecuencia.

Insistí en entender y aprovechar de su buena disposición a conversar:

—Tengo que preguntarle, señor, ¿es usted uno de esos *Zahoríes*? ¿Quién es usted comparado con ellos?

Dudé en preguntarle por miedo a perderlo.

—¿Quién soy yo? Soy un sanador, y para ello debo alimentarme de su fuente de energía para transmitirla. El sanador no cura: le da al paciente el acceso a su energía para que recupere la fuerza para curarse a sí mismo.

—¿Es eso lo que hizo conmigo? ¿Darme la fuerza para curarme a mí misma?

—No es fuerza, es energía —me dice, riéndose—. ¡Que la energía te acompañe, joven Anna! —¡me gritó con la mano en el pecho copiando la célebre frase de la *Guerra de las Galaxias*!

23
LOS ORÍGENES DE LA SANACIÓN

Estaba abrumada al llegar a casa. Tomé un baño hirviendo, como me gusta. Calentita en mi pijama y bata blanca, con el pelo aún mojado y envuelto en una toalla, me permití un cigarrillo y un té de tomillo.

Miraba hacia abajo en la calle, buscando a esas personas que no eran personas. Pensé que quería aprender más sobre la Curación, decidida a progresar en mi libro.

¡Estaba tan apasionada como no lo había estado en tanto tiempo! ¡Manteniéndome Zen!

"El sauce pinta el viento,

sin necesidad de un pincel."

Una vez en la cama, busqué en Internet todo lo que pude encontrar sobre el chamanismo y los curanderos.

Era obvio que no se trataba de una práctica nueva. En los registros del antiguo Egipto, se podía ver personajes sanando con imposición de manos, acompañados de textos sobre papiros de tres mil quinientos años de antigüedad. Estos curanderos también eran médicos:

"Ponga su mano sobre el dolor y diga que el dolor desaparezca."

En Grecia, Hipócrates, el padre de la medicina moderna, solía utilizar el magnetismo, al que llamó: *"El poder curativo de la naturaleza"*.

Los Reyes de Francia e Inglaterra ponían sus manos diciendo:

"El Rey te toca, que Dios te cure."

Paracelso, en el siglo XVI, fue el primero en hablar de *magnetismo*. Según este médico, filósofo y alquimista suizo, había una fuerza vital interna en cada uno de nosotros, que estaba en conexión con los diferentes elementos del universo:

"El hombre tiene en su interior una fuerza magnética sin la cual no puede existir", escribió.

Dos siglos más tarde, un médico austríaco, Franz Anton Mesmer, mencionó por primera vez la existencia de un *fluido magnético universal* al cual el magnetizador se conectaría y lo transferiría a los pacientes con fines curativos.

La salud dependería de la correcta circulación de este fluido en el cuerpo humano, de lo contrario, los órganos que están mal irrigados con este fluido, se enfermarían. La curación depende de la armonización de este equilibrio perdido.

Lo que él llama *magnetismo animal o mesmerismo* está relacionado con la hipnosis y muchos curanderos modernos siguen refiriéndose a su trabajo. También afirmaba ser capaz de curar a distancia.

Lo que, por supuesto, me hace pensar en la historia del Sanador y Stephen, su paciente.

Cuando salía de su casa, él recibió una llamada de una paciente de California que sufría de un problema en un ojo. Estaba en el baño cuando oí a esta señora decirle que durante la sesión le lloraba solo el ojo dolorido mientras que el otro estaba seco.

¡Increíble! Le soplaba aire mientras barría la pantalla con sus manos.

Me quedé dormida después de transcribir este texto en mis notas:

"Se le preguntó a un chamán:

¿Qué es el veneno?

—Todo lo que sobrepasa lo que necesitamos es veneno.

»Puede ser el poder, la pereza, la comida, el ego, la ambición, la vanidad, el miedo, la ira o lo que sea.

¿Qué es el miedo?

—La no aceptación de la incertidumbre.

»Si aceptamos la incertidumbre, se convierte en aventura.

¿Qué es la envidia?

—La no aceptación de lo bueno en el otro.

»Si aceptamos el bien del otro, se convierte en una fuente de inspiración.

¿Qué es la ira?

—La no aceptación de lo que está más allá de nuestro control.

»Si aceptamos, se convierte en tolerancia.

¿Qué es el odio?

—La no aceptación de las personas tal como son.

»Si aceptamos incondicionalmente, se convierte en amor."

24
ANNA Y MORRIS

Al día siguiente, fui a mi clase de yoga, feliz de encontrarme de nuevo con Salomé. Morris la reemplazaba. Me decepcionó un poco no verla, pero me alegré de volver a verlo a él. Alto y musculoso, su pelo afeitado le daba un aire duro a la Bruce Willis. Uno lo imaginaba salvando el mundo.

Exsoldado de las Fuerzas Especiales, practicaba artes marciales. Cinturón negro de karate, experto en Krav Maga, maestro de yoga: ideal para trabajar la flexibilidad y la concentración de la energía.

Su pinta de mochilero contrastaba con la amabilidad y la dulzura que mostraba cuando venía a corregir nuestra postura. Fue cuando me vio hacer un gesto de dolor al poner mis caderas en su sitio, que después de clase, fuimos a tomar chocolate al mismo salón de té cerca del estudio de yoga. Le hablé de mi dolor de espalda.

Me dijo:

—Tengo la solución para ti: ¡el Sanador! —escribiendo en un pedazo de mantel que había rasgado, me dice—: toma su teléfono y comunícate con él diciendo que vas de parte mía, este hombre me salvó la vida, puede salvar la tuya, hablo muy en serio.

Eso fue el mes pasado y parece que han pasado años. Después de la clase, salimos a tomar algo. La misma mesa, Laura -la misma camarera-, el mismo chocolate caliente, pero yo ya no era la misma, algo en mí había cambiado.

—Anna, has estado impecable —dijo Morris—, has hecho todo el curso en profundidad. Salomé sí me dijo que tus dolores habían desaparecido, pero esto fue realmente impresionante. Es el Sanador, ¿cierto? ¿Fuiste a verlo?

—Sí, lo conocí por ti, darle tu nombre fue una verdadera ventaja, muchas gracias. De lo contrario, sin una recomendación, no es fácil conseguirlo. Me trató y mi espalda va muy bien ahora.

»Qué hombre tan extraordinario, estoy escribiendo un artículo y espero que llegue a ser un libro sobre él. De hecho, necesito saber más, estoy segura de que puedes ayudarme. Pero, antes que nada, ¿cómo lo conociste?

Morris se tomó el tiempo de dejarse servir una cerveza y beberla lentamente. Su mirada estaba en otra parte, como si estuviera reviviendo eventos distantes.

—Es una larga historia —dice—. Tengo que retroceder años. Cuando estaba en el ejército, mi regimiento fue desplegado al África Central. Mi misión con algunos camaradas era formar un pelotón de fuerzas especiales del tipo *Grupo de Intervención,* a partir de la selección de sus mejores comandos.

»Nos alojamos en un hotel en el centro de la ciudad. Tenía el bar, restaurante y casino más concurridos del país, la mayoría de los expatriados europeos iban a pasar sus tardes allí. Esa noche el ambiente estaba particularmente animado.

»Habíamos tenido un entrenamiento extremo, y los chicos lo habían hecho bien.

»Habíamos decidido celebrarlo con cervezas en el bar del casino, junto a las máquinas tragamonedas, y luego en el restaurante, con una excelente comida y vino servido por encantadoras jóvenes. Una orquesta, en un escenario bien iluminado, tocando Bob Marley con rasgos de reggae africanizado.

»En la mesa de al lado, había dos parejas de europeos.

»Los hombres bebían mucho, hablaban y se reían muy fuerte.

»Con ellos, mujeres muy jóvenes, silenciosas, como si estuvieran ausentes o drogadas: una rubia de pelo corto y una morena de pelo largo y rizado. La noche estuvo bien lanzada, todos bailaban y bebían, felices de vivir y pasar un buen rato.

»El ambiente estaba festivo, cuando la mujer rubia se levanta de la mesa y va al baño.

»La otra joven, que pasaba por nuestro lado, va a seguirla.

»Su compañero, un tipo marrón con gomina, pantalones beige y camisa blanca, ¡se pone de pie detrás de ella y la agarra por el pelo gritando!

"¡Ey, tú! ¿Adónde crees que vas?"

»La joven trata de liberarse gritando, con lágrimas en los ojos.

"¡Al baño!", responde la joven sollozando.

»La da vuelta, la agarra por la parte superior de su blusa y se la desgarra. Ella se encuentra con el pecho desnudo, él la abofetea violentamente.

"Eres mía, ¿entiendes? ¡Incluso para ir al baño tienes que preguntarme!"

»La lanza al piso con fuerza. No soporto que alguien golpee a una mujer. Instintivamente, me levanto tan violentamente que mi silla se cae hacia atrás. Agarro al hombre por el brazo, se vuelve hacia mí, intenta dar un puñetazo y grita:

"¿Y tú qué quieres? ¡Te mataré!"

»Ni siquiera le respondo. Mis golpes van tan rápido que su ceja izquierda se revienta y su nariz se rompe. Su cara está cubierta de sangre. Este cobarde infeliz no va a caminar, dos patadas bien colocadas y ambas rótulas están rotas. Se derrumba al suelo y la joven, finalmente liberada, se levanta y viene a refugiarse detrás de mí.

»Su compañero de mesa, con cráneo calvo y brillante, trata de romper una botella sobre mi cabeza. Desvío el golpe, lo atrapo y lo envío de vuelta a mis camaradas, que le hacen tragar la botella, después de romperle los dientes, ¡es más fácil de pasar! Hay que decir que mientras el engominado atacaba a la chica morena, la otra escoria había dado un violento golpe en el vientre de la rubia, que intentaba intervenir para proteger a su amiga. Mis camaradas tienen los mismos valores que yo y no apreciaban en absoluto estos malos modales hacia las damas.

»Las dos chicas estaban completamente perdidas, dependientes y prisioneras de estos hombres que las drogaban y abusaban de ellas.

»Después de algunos arreglos con el mayor, pudimos ponerlas esa noche en un avión militar rumbo a la metrópolis, donde fueron recogidas por la policía, los servicios sociales y finalmente sus familias. En cuanto a los dos hombres, se los llevaron nuestros amigos policías que estaban cenando con nosotros. Fueron juzgados y condenados por diversos delitos de tráfico. Todavía se están pudriendo en una prisión africana.

La mujer rubia se llamaba Lucy, y la morena se llamaba Salomé…

—¡Salomé! —respondo gritando— ¿Mi Salomé? ¿Nuestra Salomé? ¡Dios mío! ¿Estás seguro de que tienes derecho a contarme su historia? ¡Es muy personal!

Sonríe y toma un aire misterioso, se acerca a mí y me dice susurrando:

—Sí, Anna, me permitió contar todo. Así fue como conocí a Salomé y al Sanador.

—¿Al Sanador también? ¿Cómo así? ¡Cuéntame!

Estaba apasionada, quería conocer la historia a toda costa, aunque tuviera que presionar a Morris, pues lo sentía reservado.

—TEPT. ¿Sabes que es, Anna? —¡me susurró como si estuviera confesando uno de los siete pecados capitales!

—No, Morris. ¿Qué es?

—Trastorno de Estrés Postraumático: trastorno caracterizado por la incapacidad de recuperarse después de experimentar o presenciar un acontecimiento aterrador. Puede durar meses o años, con eventos desencadenantes que traen recuerdos del trauma, y están acompañados de intensas reacciones emocionales y físicas. Los posibles síntomas incluyen pesadillas y recuerdos súbitos, evitar las situaciones que traen de vuelta el trauma, reactividad exacerbada a los estímulos, ansiedad o un estado de ánimo depresivo.

»El sufrimiento de los soldados que regresan de combate, la agonía de las personas que han sufrido accidentes particularmente traumáticos, víctimas de atentados, por ejemplo. Los síndromes son devastadores y han llevado a los pacientes que sufren de TEPT al borde de la muerte.

»Mi amigo Abel, uno de mis hermanos de armas más cercano, es el ejemplo perfecto. Sentía una intensa sensación de miedo, horror e impotencia acompañada de muchos de los siguientes síntomas: palpitaciones cardíacas, respiración rápida, temblores, escalofríos, sudoración excesiva, aterradoras escenas llegaban a su mente reviviendo el combate. Un simple ruido que fuera suficientemente fuerte, como la explosión de un carburador, lo arrojaría al suelo en la calle, haciéndolo proteger la parte posterior del cuello con sus manos. Pensamientos que se imponen en su mente y se vuelven incontrolables lo conducen a la angustia que se manifiesta en ansiedad y una depresión que podrían haberlo llevado al suicidio.

»En su casa, tenía dificultad para sentir ciertas emociones con su esposa e hijos, como la ternura y el deseo sexual. Tenía dificultad para concentrarse y encontrar el sueño, padecía de la necesidad de estar continuamente alerta y listo para reaccionar.

Yo estaba abrumada por la descripción de Morris. Sabía exactamente de qué hablaba: me habían asaltado en un parqueadero y me quedé temblando y llorando durante dos días.

Fue hace años, pero cuando le conté la historia, todavía tenía lágrimas en los ojos.

Un par de palomas vienen a picotear a nuestros pies.

—¡Es exactamente eso! —me dice—. Tuviste suerte de poder salir de esa pesadilla, tal vez tu dolor de espalda fue el resultado de ese ataque que desplazó tus chakras.

—Restaurados por el Sanador —le dije con un guiño.

—Sí, entendí el mensaje —dice riéndose—. Ok, volvamos al Sanador, y también a otra cerveza —me dice con un guiño—. ¡Por favor, otra cerveza! —exclama mostrando su botella vacía a la camarera—. Una noche, William, un viejo camarada de nuestra unidad, dueño de un restaurante de lujo al que íbamos a menudo, me llama al móvil:

"¡Morris! ¡Abel está mal! ¡Ven rápido, tienes que ayudarme! No se puede parar, está borracho, se está volviendo agresivo conmigo y con los clientes."

El bar estaba en el sótano del restaurante. Cuando llegué, Abel estaba llorando, se desplomó sobre el mostrador y exigió otro trago a William. Le cogimos por los brazos para ayudarle a bajar del taburete sin que se desplomara, cuando un hombre de cierta edad se acercó a nosotros, pelo blanco y barba blanca corta, muy elegante, con traje y corbata azul marino, tenía una gran sonrisa y una mirada cálida.

—Anna, te lo describo detalladamente porque Abel el vidente tiene una frase sorprendente:

"¡Oh, Papá Noel!"

"¡Gracias por el cumplido! ¡Oh! ¡Oh! ¡Oh! ¡Me habría encantado!"

»Le responde poniendo los ojos en blanco.

"¡Buenas noches, caballeros!", (de repente, habla muy serio), "Sobre todo, perdónenme por molestarlos, estaba sentado en una mesa al final de la sala y observaba a su amigo. Conozco ese doloroso sentimiento entre los veteranos que han estado en combate. Creo que puedo ayudarle, soy un especialista en lo que se llama TEPT, Trastorno de Estrés Postraumático. Si me lo permite, me encantaría ayudar a su amigo."

»William y yo nos miramos, sorprendidos por la llegada de este hombre. Es muy sorprendente, Anna, soy naturalmente muy desconfiado, y me sorprendió confiar tanto en él cuando ni siquiera lo conocía.

"¡Un *Santa Claus psi*! ¿Por qué no? Disculpe, señor, no lo dije con malicia. ¡Gracias por su oferta!

»¿Qué piensas tú, Abel, eso te puede ayudar?"

»El Sanador no deja que Abel responda. Pone su mano izquierda en la frente mientras lo sostiene por el hombro con su mano derecha.

"Abel, yo sé que usted ve la escena una y otra vez, como una película en un bucle, así que bebe para aturdirse y lograr dormir al fin. No podría haberlo hecho distinto: tenía que disparar sobre esa gente, aunque se arriesgara a matar civiles, eran una amenaza para usted y sus amigos."

»Abel estaba como paralizado —me dice Morris—. Su tensión se calmaba poco a poco. Mr. Healer lo hipnotizaba con palabras y la vibración de sus manos.

"Pero ¿cómo conoce usted mi historia, señor? ¡Es fácil de decir! ¡Usted no sabe lo que es!", murmuró en un suspiro.

»La mano de Mr. Healer no había abandonado su frente.

"¿Qué sabe de eso, amigo mío? Puedo ver muy bien el infierno por el que ha pasado. Créame, todo es cuestión de una interpretación del bien y del mal, ¡y es verdad para todos nosotros!

»¿Conoce esta frase de Ludovico de Santiago?:

"No hagas una distinción entre el bien y el mal, porque cuando pienses que estás haciendo el bien, puedes estar actuando mal, y cuando crees que te estás volviendo inmundo, traerás, probablemente, felicidad a los que te rodean."

»Abel está calmado, anestesiado. Lo cargamos hasta el coche.

»El Sanador nos da una dirección y una cita para el día siguiente.

»Todos estábamos preocupados y buscando soluciones a nuestras angustias, a nuestras pesadillas. Para él, el trauma y el estrés desequilibraban los chakras; estas puertas vibratorias que distribuyen la energía a nuestros órganos. Todos habíamos sufrido esta agresión durante las operaciones en África y Afganistán. Lo resentíamos bastante, a veces era difícil vivir, y a veces incluso tocaba los límites de lo imposible.

El Sanador se nos había aparecido mágicamente, un rayo de esperanza, un arcoíris en nuestras tormentas, un ángel entre nuestros demonios. Uno tras otro fuimos a verlo para restablecer la buena circulación de nuestra energía y tratar de salir de este torbellino que a veces nos arrastraba hasta el fondo.

25
ABEL EN GUERRA

¿Cómo me metí yo, Anna, la pequeña periodista, en esta historia? ¿Por qué no había seguido escribiendo novelas íntimas y artículos de sociedad sobre la infidelidad a los treinta en los círculos burgueses y el anuncio de una futura maternidad en las mujeres de más de cuarenta años, para personas que eran personas?

Yo estaba diferente, transformada, madurada. No me podía quejar, pero tenía problemas para reconocerme. ¿Podría ser que lo superfluo hubiera sido reemplazado por lo esencial? ¿Podría ser que la energía que sentía dentro de mí se hubiera transformado en tenacidad y hubiera trastornado mi visión del mundo -la canción del mundo, como decía a veces el Sanador-? A propósito, ¿era él realmente una persona, o hacía parte de esas personas que no eran personas?

Y aquí estoy sobre el rastro de la guerra, sentada con un encantador ex guerrero sexi. Morris, que se levanta de la mesa, se estira elevando los brazos para relajarse, da la vuelta a la mesa y vuelve para sentarse a mi lado.

Pongo mi mano sobre la suya, su piel es sorprendentemente suave.

—Dime, Morris, ¿puedes contarme qué hizo el Sanador para ayudarte?

—Escúchame, Anna. Vamos a simplificar. Para todos nosotros fue más o menos lo mismo, pero como ejemplo, puedo decirte cómo fue el primer encuentro de Abel con Mr. Healer, tal como él me lo contó. ¿Te parece?

—Ya veo. Así evitas hablarme de ti.

Excepto por una sonrisa y un guiño, Morris no me dice nada y comienza la historia de Abel:

—Llegué a la casa del Sanador, a la hora en punto como un buen soldado. Estaba un poco nervioso. Estaba de pie en la entrada de la casa.

»Dijo que me estaba esperando. Con su sonrisa radiante, estrechó la mano que le estaba tendiendo:

"Hola, señor. Antes que nada, me gustaría saber, ¿cómo se enteró de que maté gente, civiles, en la guerra?"

"Buenos días, Abel, no es una hazaña. No es porque sea obvio, sino porque todos somos iguales.

»Para conocerlo, solo tengo que conocerme a mí mismo, he experimentado situaciones similares. Vamos, Abel, caminemos. Es un hermoso día." Con un movimiento de su mano me muestra la calle, sombreada por altos árboles y no muy transitada a esta hora del día. "Caminar juntos también es bueno, como *hermanos de armas*; no tenemos que hablar. Yo sé que no tiene mucho deseo de hacerlo."

»Abel me cuenta que instintivamente él y Mr. Healer iban al mismo paso, y que se sentía cómodo a su lado.

"Así es, señor. Créame, he hablado con tantos psiquiatras, he visto tantos desde el ejército. Normalmente era una mujer y la sesión a menudo empezaba de la misma manera: ella sentada en una silla y yo acostado en un sofá.

»Yo tomaba una gran bocanada de aire, cerraba los ojos y me decidía a narrarle lo que le voy a contar ahora, señor:

»Durante una operación de patrulla en África, estoy con la ametralladora en la torreta de la tanqueta, el calor bajo el casco, el polvo, el sudor que me corre por los ojos, las gafas oscuras, el miedo, las ganas de orinar, los dedos engarrotados apretando el gatillo.

»¡El camino está podrido, entramos a un pueblo y de repente es una emboscada! ¡El carro tanque de mando principal explota justo delante de nosotros! Nos detenemos junto al vehículo en llamas. El teniente que está debajo de mí agarra su rifle y dice: '¡Dispara, Abel! ¡Dispara! Dispara a todo lo que se mueva para cubrirnos, ¡tenemos que sacar al comandante del camino!' Estoy rociando todo lo que veo, las balas están volando. El conductor se quedó en los controles, con el motor en marcha. Mientras el grupo salía por las puertas traseras, disparé ráfagas para cubrirlos. A pesar del infierno, se las arreglaron para sacar a nuestros camaradas de las llamas y llevarlos a nuestro vehículo.

»Nos vamos inmediatamente. Al pasar por el pueblo, la calle está roja de sangre. Veo cuerpos tirados, combatientes armados. Pero, por desgracia, también mujeres y niños."

»Mira, Anna —me dice Morris—, tengo que decirte que estábamos todos juntos en ésta operación. Lo que te estoy contando sobre Abel vale también para mí y mis amigos.

Lo miro, y de repente, en mi cabeza, se produce el traslado: es a él a quien veo en la torreta del carro tanque con la ametralladora disparando a todo lo que se mueve en medio de las balas que silban a su alrededor. Esas balas que hubieran podido atravesarlo, destrozarlo, arrancarle un miembro, desgarrar su hermoso rostro, cubrir de sangre su hermoso y musculoso cuerpo. Estaría tendido ahí, inmóvil, un cadáver, y sus finas y bellas manos poderosas no tendrían vida. No puedo evitar tomarlas en las mías y sujetarlas con fuerza, estas manos que ya no podrían acariciar ni tocar.

La terrible realidad de la guerra frente a esta muerte virtual higienizada que vemos en las películas. Hace unos días, había visto *Apocalypse Now* de Francis Ford Coppola en una pantalla grande con el sistema de *sonido sensitivo*, que nos hacía sacudir con cada movimiento del helicóptero, desacoplando *La Cabalgata de las Valkirias* de Richard Wagner hasta el punto de rompernos los tímpanos...

Gracias a Dios, Morris está vivo. Puedo verme tomándolo en mis brazos y abrazándolo muy fuerte, arrimándolo hacia mí, pero no me atrevo. Me mira como si todo estuviera claro, como si fuera obvio: el ángel ha venido y nos ha reunido. No decimos nada, es demasiado pronto. Somos demasiado pasivos para ser espontáneos. ¿Quién sabe si una fuerte atracción es amor a primera vista? Le suelto las manos.

—¡Anna! ¿Estás bien?

Me mira durante mucho tiempo, como si me estuviera descubriendo.

—Continúa, Morris, por favor. ¿Qué pasó entre Abel y el Sanador?

—Anna, ¡qué nombre tan bonito! Muy bien, ¡vamos! Abel siguió contando al Sanador su experiencia con la psiquiatra:

»'¿Y cómo se siente en este momento Abel?', me preguntó la psiquiatra, '¿se siente culpable?'

»¿Qué puedo decirle, señor? ¿Cómo puedo explicar la intensa felicidad de estar vivo, de haber salido adelante, de no ser un muerto entre esos cadáveres ni de estar gravemente herido como el comandante, al que aún podía oír gritar de dolor? ¿El placer y la alegría de haber salvado mi pellejo y el de mis camaradas?

»'Abel, entonces se siente bien, ¿no?', insiste la psiquiatra. 'Entonces, ¿cuándo empezó a tambalear?'

»Sí, todo iba bien. Cuando volví, estaba feliz de estar en casa con mi esposa e hijos y de hacer planes con ellos. Pero más adelante, todo regresó. Fui acosado por las imágenes de estos cuerpos, por sus rostros que se proyectaban en mi cabeza, acompañados por el estruendo de la batalla, las balas que silbaban en mis oídos, las que salían de mi arma, los gritos de unos y otros, el olor a pólvora y a sudor.

»Usted entiende, podría haber sido yo. Podría haber sido uno de esos cadáveres con muecas, y ahora, yo siento un miedo intenso.

»Así que no duermo para evitar las pesadillas y me emborracho para intentar olvidarlas...

»¿Lo ve, señor? Estoy cansado de decir lo mismo una y otra vez.

»Además, siempre termina de la misma manera: el mismo diagnóstico de TEPT. Y, para el tratamiento, siempre es la psicoterapia, ¡hablar y hablar para no hacer nada y los antidepresivos que me convierten en un vegetal! ¡Ah, créame, señor, fueron amables y todos querían ayudarme!"

"¡Por supuesto, Abel", responde el Sanador. "Ciertamente todos los psiquiatras y médicos que ha conocido desean aliviar su sufrimiento, son personas apasionadas y devotas.

»A menudo colaboro con ellos, ya sea para sus pacientes o para ellos mismos. Tienen una ética que han adquirido durante la formación con sus maestros, son excelentes profesionales graduados a quienes les han enseñado un protocolo que deben seguir. Es su deber y funciona para la mayoría de la gente. El mundo occidental es el mayor consumidor de antidepresivos, que son las muletas del alma."

"¿Y no hay protocolo para usted?", pregunta Abel al Sanador, sorprendido.

"No me gustan mucho las muletas. ¡A menos que sea la única manera de caminar!", dijo riéndose. "Lo que importa es el resultado, la energía debe circular."

Un grupo de estudiantes de secundaria se acababa de sentar en la mesa de al lado, temía que hicieran demasiado ruido y evitaran que Morris continuara con su historia. Pero, tan pronto se sentaron, sacaron sus teléfonos y empezaron a digitar mensajes sin decir palabra…

Morris puede continuar sin ser interrumpido:

—Habíamos dado la vuelta a la manzana, me dice Abel, la calma de la calle se rompió por la sirena de un camión de bomberos, el olor a hierba recién cortada me recordó la casa de mis padres.

»Con un gesto de su mano, Mr. Healer me invita a entrar en su casa en medio de un grandioso jardín lleno de árboles y flores. Cuando abre la puerta, un gran pastor alemán viene a saludarlo.

»Dos cuervos pasan y aterrizan en una rama encima de nosotros para darnos la bienvenida. Cada elemento apareció en su lugar, el mundo estaba de repente en paz, en armonía.

»¡Morris! Hablé con él, le conté todo sin que me preguntara, como si fuera un amigo. Él me escuchó de verdad, estaba conmigo, con nosotros, en el terreno, lo sabía todo, lo veía y lo oía todo.

Yo le pregunto:

—Y prácticamente, ¿cómo sucedió?

—Anna —me dice Morris—, te contaré la historia de Abel, que es la misma de cada uno de nosotros:

»Estamos en la sala de estar, sofá blanco, grandes lienzos de colores en las paredes, sirve agua fresca de una garrafa que está sobre la mesa, junto a una caja de pañuelos de papel.

»El Sanador me invita a sentarme. Me siento en el cojín blanco de una silla moderna con ruedas y un respaldo de madera.

»El Sanador pone su mano izquierda sobre mi frente, su mano derecha sostiene una bola de madera que gira sobre un hilo negro.

"Mi péndulo", dijo sonriendo.

»Muy rápidamente, siento una presión, que se convierte en una vibración cálida. Aunque no me toca, su mano izquierda se mueve suavemente a lo largo de mi cara y por encima de mi cabeza, le pregunto qué me está haciendo.

"Examino el estado de sus chakras, mi mano izquierda los escanea y el péndulo me muestra su estado. Si están traumatizados, no giran o giran en sentido contrario. En ambos casos, la energía ya no llegará a sus órganos, por lo cual se deben revitalizar los chakras para restaurar el camino de la energía."

"¿Y cómo lo hace?"

»Mr. Healer me sonríe sin responder y continúa pasando su mano por mi cuerpo sin tocarme.

»Me pide que me levante y se sienta en la silla donde yo estaba, sus manos se mueven a mi alrededor.

»Siento esta energía vibrando desde mi cuello hasta mi pecho y alargándose hacia el plexo solar, para terminar en mi abdomen inferior.

»Cuando termina, descanso unos diez minutos en un sofá bebiendo un vaso de agua y, después de un descanso, empezamos de nuevo. Cuando salía de su casa, en el coche, por un momento bloqueado por el camión de la basura, me sorprendí silbando, cosa que no me había sucedido en mucho tiempo, me dice Abel.

»Después de dos sesiones más, Abel había vuelto a una vida normal, para la alegría de su familia. Por supuesto que nada es perfecto, mucho antes del ejército sufría de ansiedad y estrés, pero Mr. Healer le enseñó los gestos correctos para dinamizar la energía y revitalizar sus chakras por sí mismo, cuando sintiera que una ola de estrés podía abrumarlo —me dice Morris.

26
SALOMÉ Y MORRIS

—Así es, Anna, cómo conocí al Sanador —me dice Morris.

Lo miré como si fuera un superviviente, uno de esos héroes cotidianos que luchan por su país, por sus creencias, para salvar a los demás, como los bomberos que pasaban al mismo tiempo por la calle, o esa enfermera con su uniforme que caminaba por la acera de enfrente.

— Es muy impresionante —le digo— ¡Qué historia! Estoy tan feliz de que hayas salido adelante y de que hayas terminado con estas guerras.

»Pero, dime, Morris, ¿qué tiene que ver Salomé con esto?

Para hacerme esperar, hace el mismo truco con el sorbo de cerveza, mientras me mira maliciosamente con sus grandes ojos azules.

A mis pies, las palomas se habían multiplicado.

—De regreso de África, tenía claro que íbamos a mantener el contacto con las dos mujeres. Pero después de intercambiar cartas, supe que Lucy se había ido a vivir a las montañas con sus abuelos y no quería estar en contacto con nosotros, ya que le recordábamos su pasado. Salomé no respondía a mis cartas y no tenía su número de teléfono. Pasé por su apartamento, pero la conserje me dijo que se había mudado hacía un año sin decirle adónde iba.

»Mi contrato con el ejército estaba terminando y decidí no renovarlo. Terminé con la guerra, y también con el apoyo que me daría una vida militar. Tenía que encontrar un trabajo.

»Mis amigos me ofrecían trabajos de seguridad: conductor, guardaespaldas de famosos o guardia de seguridad en casinos y grandes hoteles, ya sabes, el hombre del auricular. La mayoría de ellos se habían dedicado a estas actividades de seguridad. Era simple, bien pagado y sobre todo no muy peligroso, un pequeño empujón de vez en cuando, un *fan* para poner en su lugar, nada como el infierno que habíamos conocido.

»No tenía prisa por conseguir un trabajo.

»Todos los años de salario los había metido al banco. Había heredado el apartamento de mis padres a dos cuadras de la tienda de té donde estamos ahora. Había agarrado la costumbre de venir a tomar mi café con croissant todas las mañanas. Fue allí donde una mañana vi a Salomé sentada en una mesa bebiendo un jugo verdoso hecho de aguacate, conocido por su gran contenido energético. Estaba vestida con ropa deportiva con una alfombra de goma enrollada y atada detrás de su asiento. Estaba sola y leyendo una revista de moda.

»¿Iba a levantarme y caminar hacia ella, con cara de sorpresa, cuando ella nunca había intentado encontrarme? Era complicado, no quería recordarle una época de la que ella no quería oír hablar. ¡Al final, me reconoció! Yo estaba cerca de la puerta principal y ella estaba yendo al baño. Decididamente, era nuestro destino que nuestros encuentros estuvieran ligados al retrete…

"¡Morris! No puede ser, ¿eres tú? ¡Qué sorpresa! ¡Es extraordinario!"

»Me levanté y caminé hacia ella, se arrojó a mis brazos.

"Salomé! Es increíble, ¡qué suerte! Te busqué, envié cartas y fui a tu casa, pero me dijeron que te habías mudado sin dejar una dirección."

"¡Ah! ¡Lo siento, no lo sabía! Sabes, fue tan difícil... Fui a la casa de mis padres en el campo, ¡no quería oír hablar más de lo que había vivido! Quería cambiar completamente mi vida."

Al volver del baño, fue a buscar sus cosas, su alfombra y su bebida y vino a mi mesa.

"Está lleno de vitaminas", dijo, mostrándome su vaso. "¿Vienes frecuentemente a este café?"

"De hecho, desde que volví a la vida civil, he estado viviendo al lado y desayuno aquí todas las mañanas."

"¿Dejaste el ejército? Me lo preguntaba… He pensado a menudo en ti, es realmente genial verte de nuevo.

»Además, no vas a creer esto, somos vecinos. Abrí un estudio de yoga a dos minutos de distancia y me mudé a un pequeño apartamento con una terraza arriba."

»Estaba muy contenta de verme, preguntaba por el equipo. Salomé pensaba que Lucy había ido mucho más allá de las montañas de su familia, tal vez incluso habría vuelto a África.

"Compréndela", dijo Salomé, "no debes juzgarla. Hay fuerzas allá, hechiceros que nos atrapan y nos obligan a hacer lo que quieran, ¡Lucy es débil! Mucho más frágil; ¡yo estoy luchando! Pero debo admitir que por la noche tengo terribles pesadillas.

»No lo creerás, pero una bruja espantosa quiere llevarme al bosque, diciendo: '¡Ven, te estoy esperando! ¡Todos te estamos esperando!' y se ríe Se ríe tan fuerte que me asusta y me despierto con un sudor tembloroso. Por suerte, el yoga me ayuda mucho, ¡pero hay mañanas en las que me veo volviendo al avión con un billete de ida sin retorno!"

»Yo le creía, por supuesto —dijo Morris—. No se puede haber vivido en África durante años sin conocer el poder y la influencia de los hechiceros.

»¿Has estado en África, Anna?

—Sí, una vez en Costa de Marfil —le dije—. Diez días en el *Club Med*, y algunas visitas alrededor del pueblo y en *Abidjan*. Me fascinó el ambiente de ese lugar, el Sanador diría, la *vibración*, ¿cierto?

»Y, dime, Morris, ¿en ese momento pensaste en presentarle el Sanador a Salomé?

—¡Claro! Yo le hablaba de él, de lo que había hecho por nosotros. ¡Pero no, ella no quería! No pude convencerla, no quería conocer a más *hombres de poder*, como llamaba a los hechiceros, y la comprendí después de lo que había vivido. De hecho, no quería conocer a ningún tipo de hombre.

—Pero claro, es comprensible, mi Salomé. Es terrible lo que le tocó vivir— (no podía esperar a verla de nuevo, no quería preguntarle nada, solo quedarme con ella, sentarme a su lado y si ella lo permitía, tomar su mano y sonreírle, solo para hacerle sentir que estaba a su lado con todo mi corazón)—. Entonces, ¿cómo lo hiciste, Morris? ¡Debe haber sido muy difícil!

—¡Me ponía en el lugar de Salomé! ¿Cómo podía volver a confiar en alguien, aunque fuera el hombre que le salvó la vida? Siempre había la duda de que él podía aprovecharse y abusar de ella como los demás.

Lo miraba. Parecía tan en paz consigo mismo. Irradiaba una vibración tan positiva que me sentía realizada, en armonía con el mundo. ¡Era hermoso, su alma era hermosa!

Estaba conmovida, él me inquietaba y me gustó mucho desde que lo vi un día que reemplazó a Salomé en yoga.

Se preocupó por mí y me recomendó al Sanador.

Pocas personas me habían prestado tanta atención: mi padre había muerto cuando yo era más joven y mi madre, nuevamente casada y dominada por un marido indiferente, me había metido en un internado en las montañas, durante años de soledad.

Siempre estaba buscando un hombre que pudiera amarme y protegerme. Mr. Healer me daba una imagen paternal, yo estaba feliz de conocerlo y esperaba una verdadera amistad.

Morris era fuerte y me daba seguridad.

Estaba segura de que podríamos enamorarnos.

Desde su relato, pude sentir su fractura y sus debilidades.

Quería hacerlo feliz. Le sonreía y me reía de mí misma, *Anna y Morris,* ¿por qué no? Sonaba bien, una verdadera chica simplona, amante de las telenovelas de mediodía en la TV…

¡Dios mío, si supiera lo que estoy pensando!

—¿Estás bien, Anna? ¿Difícil, dices? ¡Oh, sí! ¡Fue un proceso largo!

»Estaba libre, me tomé un tiempo con Salomé.

»Primero, me inscribí en sus clases de yoga y cuando vio mi nivel, empecé a reemplazarla cuando estaba demasiado cansada o le dolía la espalda.

»¿Estás sonriendo? Sí, como tú, Anna, Salomé tenía dolores de espalda.

»Di clases de karate y aikido en su estudio para ampliar su negocio. Pasaba tiempo con ella. Nos veíamos mucho, la tranquilizaba. Empezó a confiar en mí. El tiempo pasó, no me atreví a perturbarla, a decirle lo que sentía, a decirle que me había enamorado de ella, que tenía miedo de que no quisiera verme más. Pero una noche me dijo que fuera a la casa a cenar y me quedé allí, nos amamos y dormimos juntos. Salomé gritaba en las noches, siempre alrededor de las tres de la mañana, completamente aterrorizada. ¡Me rompía el corazón verla sufrir tanto y le seguía hablando del Sanador!

“Te aseguro que puede ayudarte, nos salvó a todos de nuestra angustia, ¡puedes confiar en él!”

»Pero ella no quería conocerlo.

»Finalmente, le hablé al Sanador sobre ella y él dijo: “No se preocupe por Salomé, mi querido Morris, estoy listo, todo se va a organizar.”

»Y, como ya lo sabes, Anna, él fue a verla a la inauguración del fotógrafo la noche de ese terrible ataque.

»¡Me sentí tan mal por no estar allí con ella!, pero tuve que ayudar a Abel con un contrato de seguridad.

—No sabes, ¡te podrías haber hecho matar también! —le dije.

Temblé al imaginarlo a él y a Salomé en un charco de sangre.

—Por suerte —dice Morris—, el Sanador estaba allí con ella, la protegió y finalmente se encargó de ella. Nunca supe cómo se las arregló para liberarla. Pero la vi revivir en unas semanas, sus dolores la abandonaron y sobre todo logró dormir sin pesadillas.

»Y, puedo decirte, ¡es un verdadero milagro! La había visto gritando de miedo.

»Tal vez, ya que eres tú, y ella te ama, ¿querrá contártelo?

La camarera se acerca:

—Están bien, ¿quieren algo más?

—Anna, ¿otro chocolate?

—No, gracias.

—¡Gracias, Laura! Dame otra cerveza, por favor.

¡Sentía un peso en el estómago, Salomé y él, juntos! Eso me pegó duro: estaba enamorado de mi amiga, pero me gustaba mucho.

Me disculpé y fui al baño para recuperar una cara humana. Me puse un poco de lápiz labial, el arma absoluta de las chicas.

Tenía que saber…

Volviendo a la mesa, le pregunto en un tono inocente:

—Entonces, ¿se casaron?

—No, no duró mucho tiempo. Ya sabes, un tipo de pasión muy física, como un escape, ella necesitaba encontrar su camino.

»De hecho, Salomé ha terminado con los hombres y está pensando en casarse con una mujer que conoció en yoga. Curiosamente, eso ha reforzado nuestra amistad, que se ha convertido en una verdadera complicidad.

Estaba pensando que ya *no están juntos*. Sentí que un peso estaba liberando mi estómago, pero ¿estaba libre? Lo mejor que podía hacer era preguntarle:

—Y tú, Morris, espero que no hayas sufrido demasiado por esa ruptura. Por cierto, ¿cuándo fue eso? Desde entonces, ¿tienes a alguien más en tu vida?

—Nos habíamos separado unos días antes del atentado, estuvo bien, ambos estuvimos de acuerdo en parar. Por lo demás, sí, aventuras, pero nada serio, y siempre mujeres —dijo con un guiño—. De acuerdo, *Sherlock*, ¿alguna otra pregunta? —me expresa en tono divertido y a la vez un poco perplejo.

¿Fue intencional? ¿Una señal de que le gustaba? El peso había vuelto, pero se transformó en una bola de calor que irradiaba en mi cuerpo, una sensación muy agradable; se debió notar, tiendo a ruborizarme y cuando veo su sonrisa, termino mi vaso de agua lleno de cubitos de hielo.

¡Una mujer! ¡Iba a casarse con una mujer! ¡Eran muy buenas noticias! ¡Así que no debería importarle que salga con Morris! Pero nunca se sabe cómo reacciona la gente a las cosas del amor, y no quería estropear nuestra amistad.

Ella estaba feliz, eso me pareció magnífico.

Al final de la tarde, el cielo estaba ardiendo.

En el taxi de camino a casa, me encontré tratando de silbar como Abel.

27
LOS ENEMIGOS

"La brujería se interesa a menudo en la curación, en el destino, en otras actividades espirituales, pero en realidad, su principal preocupación, día tras día, de la mañana a la noche, es la guerra, especialmente las escaramuzas, breves escaramuzas, yo te derribo un tipo y me disparas uno. Siempre y en todas partes, en Miami, Nueva York y Los Ángeles, dondequiera que haya brujos, curanderos y santeros entre las comunidades de inmigrantes practicantes.

Se dice que se podría haber pensado que las tecnologías de poderes energéticos tradicionales estaban en manos de personas que generalmente estaban menos podridas que las que controlaban las tecnologías de poder industriales.

Espiritual no quiere decir bueno. La tasa de criminalidad en los pueblos Inuit y Kung fue y será siempre más alta que en Miami, y la mayoría de los homicidios están directa o indirectamente relacionados con la brujería.

Por supuesto, también había santos y sabios entre los chamanes, pero había tan pocos sabios y santos entre los generales, presidentes de multinacionales y políticos."

Tuve problemas para dormirme después de leer la novela de Michael Gruber, *«Trópico de la noche» (Tropic of Night).*

Quería mostrarle este extracto al Sanador para ver qué pensaba de él. Le envié por correo electrónico una copia del texto.

Devoraba libros de magia de los cinco continentes.

Me sentía como si estuviera rodeada de magos todo el tiempo… ¡de esa gente que no era gente!

El día siguiente iba a ser muy caluroso. Al salir de mi casa, miré al cielo, que se extendía hacia el horizonte a lo largo de una línea de huellas blancas dejadas por los aviones del fin del mundo.

Estaba vestida para yoga, mi alfombra negra colgaba de mi hombro.

Sin razón alguna, no me detuve en el estudio, pero quería ver a Salomé.

Morris se había ido al extranjero a trabajar con sus amigos en seguridad.

Nos habíamos encontrado de nuevo, me había llevado a cenar al restaurante de su amigo, William.

Me había puesto mi vestido negro, un poco corto y mis escarpines negros con suela roja, sentí que para él era importante presentarme a sus amigos, que eran su verdadera familia.

Todos habían venido y la noche en el bar duró hasta muy tarde, cada uno contando historias para hacernos reír y llorar.

Nos besamos frente a la entrada a mi edificio. Primero me dejó y luego me alcanzó en la puerta antes de que entrara y nos fuimos al muelle, caminando de la mano.

Habíamos comido croissants calientes, nos sentamos en un banco para ver el amanecer y subimos a mi casa, nos hice un café que no tuvimos tiempo de tomar, me llevó en brazos a mi habitación, hasta la cama que no abandonamos durante dos días, pidiendo la comida a domicilio.

Estaba feliz, era incluso mejor de lo que había soñado.

¿Todas las mujeres esperan a su príncipe azul?

Lo encontré. No necesitaba su permiso, pero era hora de que tuviera una conversación con Salomé sobre eso.

Frente al salón de té, ¡qué sorpresa! Sentados en la terraza, estaban Napoleón y los mariscales del imperio vestidos de gala bebiendo botellas de cerveza.

¿Eran acaso gente que no era gente, brujos?

Me acerqué a ellos con cuidado. Para ser hechiceros del siglo XIX, todos tenían teléfonos móviles; Laura, la camarera, al ver mi cara, se acercó a mí riéndose.

—Anna, ¿estás bien? Parece que hubieras visto un fantasma.

—Oye, Laura, ¿quién es esta gente?

—Hay un rodaje de una película en el vecindario. Vienen a tomar algo durante el descanso. ¿Quieres sentarte?

—No, no, gracias. Me voy, ¡hasta luego!

Me hizo un pequeño gesto con la mano al que respondí con una gran sonrisa, ¡era tan linda!

Sin duda, estaba traumatizada, veía brujas por todas partes. Si

Mr. Healer hubiera estado allí, se habría partido de la risa.

Me sentía rara. Más abierta. ¡Tenía ganas de hablar con la gente, de hacer cosas diferentes, de tirarme en la nieve con los brazos abiertos, (sabiendo que era verano), de creer en Papá Noel, de posar desnuda para una revista solo para ver la cara de mi madre! ¡Cualquier cosa!

Mi habitual reserva y desconfianza, inculcadas por las convenciones familiares de mi infancia, habían sido barridas por un tsunami desde mi encuentro con el Sanador.

Seguía caminando. ¿Quién puede decir dónde nos llevan los caminos?

Me sobrevuelan un par de cuervos que se persiguen como aviones de combate, un tercero se une a ellos, me guían a la plaza con la hermosa fuente.

Sentada en la banca donde habíamos venido antes con Salomé, Mr. Healer me hace una gran seña y me saluda con las manos juntas, yo le devuelvo el saludo:

—*Namaste* —(que significa mi Alma saluda y reconoce el Alma que está en ti).

Estoy pensando en una de las citas favoritas del Dalai Lama:

"Cuanto más sentido le demos a nuestra vida, menos lamento sentiremos en el momento de la muerte."

Su sonrisa era radiante, una ola de calor y ternura me sumerge. Me doy cuenta de lo mucho que significaba para mí en tan poco tiempo.

Unas cuantas palomas jugueteaban a nuestros pies como robots mecánicos, probablemente las mismas de siempre, pero ¿cómo reconocerlas?

—No, no, por supuesto, señor, que no voy a preguntarle si me está esperando o mejor aún, si por casualidad ha enviado cuervos a buscarme.

—Querida señora, he leído el texto que me ha transmitido sobre los poderes excepcionales de estos hechiceros descritos en este libro que, le recuerdo, es una obra de ficción… si yo fuera como ellos, no tendría ningún problema en hacer lo que usted describe.

»Pero hablemos mejor de la cita del Dalai Lama que mencionó antes.

"Para darle sentido a la vida", se necesita una vida impecable y así tener la energía para combatir a los enemigos.

—¿Pero de qué enemigos está hablando, señor? ¡No tengo enemigos! ¡Solo amigos! ¿Pero por qué se ríe?

Aterrada, me levanté de un salto, buscando a mi alrededor a los brujos, ¡a los enemigos!

De repente me doy cuenta de que nunca había mencionado esta cita del Dalai Lama. ¡La había pensado, mas no pronunciado! Me mira de reojo como un pájaro.

—¡Anna, no busque a los enemigos a su alrededor! ¡Están dentro de usted!

Me senté de nuevo con las piernas trémulas.

—¿Dentro de mí, dice? Pero ¿qué es esto? ¿De qué está hablando?

—¡El *miedo*, señora!, ¡el primer enemigo es el *miedo*!

—Tiene razón, señor. ¡Todo el tiempo tengo miedo de todo!

»En realidad, ahora que lo menciona, ¡no tanto! ¡Mucho menos! ¡Ya ni siquiera estoy asustada, diría yo!

Pensé que se iba a reír de mí otra vez, pero no, estaba muy serio. En el fondo, yo sabía que tenía mucha más confianza en mí misma.

—¡Mierda! —dije sin avergonzarme, incluso creo que pude haberlo dicho en voz alta sin un asomo de rosa en mis mejillas.

—¡Señora! Ya ha trabajado intensamente en usted misma y el *miedo* desaparece de su vibración. Pero, cuidado, cuando derrotamos al *miedo*, el segundo enemigo aparece, igualmente temible.

—¡Me está asustando! —le dije, esperando que apreciara el sentido del humor, dejé salir toda mi audacia, rayando en la insolencia.

No se ríe, me pasa la mano por la frente y me dice con una dulzura sorprendente, como si sus palabras fueran caramelos rojos, piruletas de menta, los rollos de regaliz de mi infancia:

—Dígame, señora, ¿se siente más fuerte, más segura, dominante, la que lo sabe todo, la que está por encima de los demás? Ha conquistado el miedo, ¿verdad? Tendrá que enfrentarse al segundo enemigo, cuando *miedo* es derrotado, viene *clarividencia.*

—¡Sí! ¡Sí, eso es exactamente! Pero es la verdad, ¡estoy muy por encima de esas otras chicas!

»¿No lo cree? Incluso usted con sus grandes aires de sabelotodo, *lo puedo todo.* ¿Sabe qué? No me llega ni al tobillo.

»Veo perfectamente bien su juego al que no caeré, ¡de hecho, es a Morris a quien quiero!

Su mano se hizo pesada en mi frente, mis ojos se cerraron y le alcancé a escuchar:

—Anna, necesita descansar y dormir, no debe dejar que estas historias de brujería se conviertan en una obsesión.

28
ANNA, SALOMÉ Y LOS OTROS

—¡Anna! Anna, vuelve aquí, despierta, ¡todo está bien! ¡Has tenido un ataque de estrés!

Estaba acostada en la banca con la cabeza en el regazo de -Dios mío- ¡Salomé!

—¿Qué estás haciendo aquí? ¿Me has oído? ¿Qué pasó con la clase de yoga? ¿Dónde está el Sanador? —le pregunté; mis párpados, levemente abiertos.

No tenía idea donde estaba. ¿Hablaba en voz alta o en mis pensamientos cuando dije que quería estar con Morris?

—¡Hola, Anna! —me estaba mirando, un mechón de mi pelo estaba envuelto alrededor de su dedo índice.

—¡Oh! ¡Lo siento! ¡Perdón! Por supuesto, hola, cariño, estoy completamente fuera de mí, no sé lo que me hizo —le dije mientras le tomaba la mano.

¡Ella me sonríe y es como el sol! Emerjo de mi niebla mental. Esta chica es realmente maravillosa, su cara es luminosa, pienso que su futura esposa es muy afortunada.

Salomé era uno de esos seres, hombres o mujeres, que son únicos, uno solo puede amarlos.

—¡Está bien, linda! —me dice ella— El Sanador tuvo una emergencia, alguien en el fin del mundo para tratar por videoconferencia. Me llamó para que fuera a verte en cuanto terminara la clase. Pensé que vendrías, por cierto.

—Oh, perdóname, quería ir, pero vi a Napoleón y terminé en ese banco con Mr. Healer. ¿Dormí mucho tiempo?

—¡De qué demonios estás hablando! ¿Napoleón?

—¡Oh, Dios! Olvídalo. Te lo explicaré más tarde.

—¡Dormiste muy bien, y ni siquiera roncaste! Pidió que te reunieras con él en su casa tan pronto como termináramos de hablar. ¿Tienes algo que decirme?

Estaba avergonzada, aunque me sentía muy cercana a ella, seguía siendo su vida privada. Llevaba vaqueros negros y una camiseta blanca con «Love» escrito en ella. Sin maquillaje, con zapatos de tenis, su largo pelo marrón rizado, Salomé parecía una chica muy joven.

—Sí, necesito hablar contigo. ¿Te importa si caminamos?

—Oye, eso suena serio, vamos, ¡te acompaño!

Para ir más rápido, pasamos por un túnel bajo la autopista. Caminamos rápido porque el lugar es bastante sombrío, frecuentado por los vendedores de drogas y sus clientes.

—¿Estás segura de que es más rápido por aquí?

Estábamos casi al final, cuando de repente dos hombres bloquearon nuestra salida.

—¿Entonces, chicas, nos vamos a dar un paseo? —dicen— ¿Quieren una pequeña dosis? Se la daremos a muy buen precio con un pequeño favor para mi amigo y para mí —dice uno de ellos con una mímica muy explícita.

No respondemos nada e intentamos pasar, pero nos detienen intentando atraparnos, y ahora, todo va muy rápido.

Salomé lanza una patada a la entrepierna del primero, que se derrumba gritando y rodando, manda su codo a la sien del otro y lo tumba. Un tercero sale de la nada y nos amenaza con un cuchillo. El primero se levanta y agarra a Salomé por los codos. ¿Y qué hay de mí? Yo, la gallina que tiene miedo de su propia sombra, siento una rabia desconocida despertarse dentro de mí. Agarro una barra de hierro del suelo y la tiro con todas mis fuerzas sobre su cabeza, gritando:

—¡Muere, bastardo!

Y con la misma fuerza, golpeé al otro que intentaba levantarse.

Liberada, Salomé desarma el tercero con un agarre de brazo. Pasa por detrás de él y lo inmoviliza estrangulándolo. Aprovecho esta oportunidad para darle, con toda mi fuerza, una patada entre las piernas. Cae al suelo gritando de dolor.

Había conquistado el *miedo* y la *clarividencia*. Sabía exactamente qué hacer, ¡fue genial! ¿Y ahora qué? "¡Cállate, Anna!", pensé, "deja de analizar todo…"

Salomé me mira con una sonrisa en su cara y me muestra su puño, que yo golpeo con el mío:

—Vamos… Salgamos de aquí, ¡rápido!

Recogemos nuestras cosas y escapamos.

Salimos por una amplia avenida y entramos en un taxi que parecía estar esperándonos. El cielo se había tornado pesado. El coche pasa de nuevo frente a la salida del túnel y vemos a nuestros tres atacantes sumidos en una lluvia tropical que los convierte en grandes perros mojados.

Risa loca y apretón de manos.

—¡Uf! A pesar de todo, fue justo —le digo.

—¿Y tú? ¡Qué sorpresa, una verdadera furia! —dice Salomé con un silbido.

—¿Ah? ¿Viste? ¡Nunca pensé que fuera capaz de tal violencia!

Estábamos bien instaladas en los asientos de cuero de la Mercedes.

El conductor había encendido la radio en la que sonaba música tipo jazz de fondo, el momento propicio para una conversación personal.

Fue Salomé quien arremetió, tomando mi mano; un hermoso anillo de compromiso adornaba la suya.

—Entonces, Anna, ¿querías hablar conmigo?

Le levanté la mano.

—Magnífica Salomé, ¡felicidades! ¿Estás comprometida?

—Sí, iba a hablarte de eso. Quería que fueras mi testigo en mi boda con Claude.

—Claude, ¿conozco…?

—No, no *la* conoces, pero te debiste cruzar con ella en yoga. Es alta, morena, con el pelo muy corto.

—Sí, ya sé. Una mujer sublime de piel negra y brillante como la seda. Tienes buen gusto. Es muy hermosa y encantadora, ¿qué hace?

—¡No es solo su piel la que brilla! Es doctora en física nuclear y enseña en la Facultad de Ciencias. No sabes lo feliz que estoy. ¡Tengo tanta suerte!

—Salomé, créeme, ella también tiene mucha suerte. ¡Digamos que ambas son muy afortunadas! Estaré muy feliz y honrada de ser tu testigo.

Estábamos bloqueadas en un inextricable atasco de tráfico debido a la lluvia que seguía cayendo, convirtiendo la ciudad en las Cataratas del Niágara e inhibiendo cualquier deseo de continuar a pie.

Tenía que tener esta conversación con Salomé antes de llegar al Sanador. Le pregunté:

—Pero, dime… ¡sabes pelear como profesional! ¿Cómo aprendiste? ¡Yo también quiero saber cómo defenderme!

Sabía la respuesta, pero era una forma de llevarla al tema que nos interesaba.

—Fue Morris, por supuesto, quien me enseñó a defenderme con el entrenamiento de las Fuerzas Especiales, ¡nada mejor que eso, como puedes imaginar!

"Bueno, ya vamos a llegar", pensé.

—¡Oh, sí, Morris! Es de él de quien quería hablarte.

—¿Ah sí?, adelante, ¡dispara! —me da una mirada de reojo.

Se lo digo de un solo golpe mientras trataba de respirar:

—Nos vimos y nos volvimos a ver, me gusta, pero sé que ustedes estuvieron juntos. No quisiera que te molestaras y que por ello dejáramos de ser amigas.

Me mira, toma mi cara y me besa en la frente.

—¡Yo, a ti, te quiero demasiado! —dijo ella—. No te preocupes, está prescrito.

Finalmente llegamos frente a la casa del Sanador. Subiendo por el pasillo, Salomé me detuvo, agarrándome del brazo.

—Bueno, te lo voy a decir… él no quería, pero te lo digo de todas formas.

»Antes de irme a trabajar, Morris vino a desayunar conmigo y habló de ti todo el tiempo. Quería saber si corría el riesgo de tener problemas conmigo, en caso de que lo de ustedes dos fuera a llegar lejos. ¡Le dije que lo amaba, y que te amaba a ti también! ¡Que estaría súper feliz por ambos si esto funcionara! (Y ella cae en mis brazos. La sostengo fuerte.) Pero, ¡aun así tendría un gran problema!

—Espera, ¿cuál? Dime, nada serio, espero —de repente, me sentí angustiada.

—Sí, es muy importante. Los quiero tanto a los dos que, ¿de quién seré testigo?

Y deja salir una gran risotada mientras da palmadas a los muslos.

Debo decir que a veces el sentido del humor de los demás se me escapa…

Debe ser debido a mi educación.

En mi casa, una mujer no se reía, solo resoplaba... y, además, ¡con la mano sobre la boca! ¡Soy una tonta veces!

29
LA MUERTE ES UNA AMIGA

—Recapitulo para usted, señora —dice Mr. Healer—, el primer enemigo es el *miedo*. Cuando *miedo* es derrotado, el segundo enemigo aparece: la *clarividencia*. Cuando la *clarividencia* es derrotada, el tercer enemigo aparece, el *poder*.

Estábamos sentados en su sala de estar. Salomé se había ido después de imitar nuestra lucha, exagerando mis acciones con grandes gestos, haciéndome parecer un monstruo sediento de violencia.

—Anna, así que puede que haya experimentado con todos los enemigos hoy en su lucha contra esos bandidos.

»El *poder* nos da una sensación de invencibilidad y seguridad que puede ser ilusoria y peligrosa. De hecho, se dice que los sabios que han recibido todos los grados, tienen acceso a los poderes absolutos, pero si los usan, los pierden uno tras otro. Y cuando el *poder* es vencido, se convierte en un amigo, *sabiduría*. Cuando por fin llega la oportunidad de reposarse en paz, llega el cuarto enemigo, *la vejez*. Uno puede retrasarla, pero nunca es derrotada, es *la muerte* la que la transforma.

—¿Y no es *la muerte*, señor, un enemigo? —le dije.

Me miró durante mucho tiempo y me dijo con dulzura.

—*La Muerte*, mi querida Anna, es nuestra mejor amiga. Ella es nuestra consejera, ella impone amar a la *Vida* más que cualquier otra cosa, porque a su lado nada más es realmente importante. Cuando la *muerte* te agarra, todo termina definitivamente en esta *vida.*

»Hay muchas otras vidas futuras que esperan a nuestra *alma* en su largo viaje.

»Lo practiqué yo mismo, y llevé a muchos pacientes en regresión a sus vidas pasadas para podérselo testificar.

»¡La Muerte es el camino a otra *vida,* que no es lo opuesto a la *muerte,* su opuesto es el *nacimiento*, así como no hay camino hacia el amor! ¡El amor es el camino!

»Algunos dicen que a veces, para aquellos cuya *vida* ha sido impecable, *la Muerte* les permite hacer la última danza que recapitula su vida en su lugar favorito, y *la Muerte* espera hasta que terminen para apoderarse de ellos.

Una verdadera emoción pasó por su mirada. El sol poniente había atravesado las nubes e iluminado su rostro. Sus ojos estaban brillantes. Levantando la mano para protegerlos de la luz y mirándome, me dice:

—Así debe haber sido para mis padres, espero que sea lo mismo para mí cuando llegue el momento.

Bajando la mano, ofreciéndose al sol, respira hondo. Inhala y se traga la luz. Me hace señas para que haga lo mismo, y siento la intensa emoción teñida de tristeza, convirtiéndose en una acogedora claridad.

Hace rodar la silla blanca hacia mí.

—Siéntese, por favor. Vamos a hacer su tercer tratamiento y a disfrutar de este mágico atardecer. Recuerde, el atardecer y el amanecer son brechas entre los mundos.

Y comienza el ballet de sus manos.

Controla mis chakras con su péndulo. La bola de madera gira al final de un cable negro sostenido por su mano derecha y su mano izquierda va y viene por encima de mi cuerpo.

Con cada pasada de su mano, siento íntimamente la intensidad de la vibración.

El sol poniente ilumina la escena con un color naranja surrealista, alargando las sombras en el suelo y las paredes, y cuando llega la noche, casi de repente, entiendo que la brecha se acaba de cerrar, estamos en el mundo de la noche.

Nos tomamos tres descansos.

Debo meditar mientras escucho al *mundo* respirar, y beber el agua que está dispuesta a mi lado.

Estamos de pie para el último pase: la limpieza final.

Sus manos hacen grandes círculos a mi alrededor, y siento sus vibraciones dibujando mi aura, aunque estén a más de un metro de mi cuerpo.

—¡Tu aura ha tomado su amplitud total y sus verdaderos colores, Anna! —me dice.

En seguida me siento y él se ubica delante de mí, con las palmas de las manos extendidas, tengo que poner las mías sobre las suyas sin tocarlas. El calor llega muy rápidamente a mis hombros y se difunde en mi cuerpo, concentrándose en mi plexo. Una ola de energía me invade de arriba a abajo durante largos minutos.

Quita las manos. Estoy sentada ahí, como en el limbo.

Nunca antes lo había sentido tan fuerte. La ola se retira, la calma me cubre. No pienso más.

¡El mundo se detiene, iluminado!

30
"CLAUDE"
EL AMOR ES SUFICIENTE PARA EL AMOR

Lentamente recupero la conciencia y abro los ojos. La noche está oscura y me encuentro sentada sola en mi silla, un poco aturdida.

Voy a al baño a refrescarme.

Me siento muy bien. Luego camino hacia la sala de estar, donde escucho un poco de ruido. Una lámpara puesta sobre un pedestal ilumina la habitación.

El Sanador está sentado en un sofá. Está hablando con Morris con un trago en la mano. En el otro sofá, están sentadas Salomé y Claude.

No pueden verme, estoy en la penumbra de la entrada a la habitación.

Escucho su conversación.

¿Y si están hablando de mí?

¡Qué idiota paranoica soy! Todavía tengo que hacer algunos progresos con mi amiga *sabiduría*.

—¿Si creo en Dios, mi querido Morris? —dijo el Sanador— ¡Claro que sí! La huella de la Divinidad está en todas partes, la veo en cada gesto de mis manos.

—¿En qué forma? —pregunta Claude.

El Sanador se levanta para responderle.

—¡El amor, por supuesto! ¿Qué más? ¡El amor es el camino de la energía, y la energía misma! Usted lo sabe, Claude, la energía es la esencia de su enseñanza… Dios, el amor y la física cuántica, ¿qué piensa usted?

Claude deja su vaso y se levanta a su vez.

La observo, es hermosa. De origen masái, es larga y delgada con cabello corto. Lleva un vestido verde corto que descubre sus largas piernas de color ámbar. Me hace pensar en la Reina de Saba. De hecho, Salomé y la Reina de Saba, ya es una gran historia…

Frente a nosotros, apoyada en la mesa, Claude se convierte de nuevo en el profesor de ciencias, transformando el salón en un anfiteatro y nosotros nos convertimos en sus estudiantes. Posee el tono y la actitud, estamos listos para la clase maestra.

—La física cuántica ha permitido destacar lo que se conoce como *campo de punto cero* o energía del vacío. Un intercambio de energía entre las partículas subatómicas que componen la materia, que son más pequeñas que el tamaño de un átomo, y que al enviar y recibir energía crean partículas virtuales en un abrir y cerrar de ojos.

»Este pequeño intercambio no representa mucha energía, alrededor de medio vatio, pero cuando se suman todas las partículas subatómicas que hacen este intercambio, a través de todos los elementos del universo, se obtiene una cantidad inimaginable de energía. Todos estamos conectados a este gigantesco campo de energía, incluso en los confines del universo.

»Los sanadores podrían tener esta habilidad de conectarse a esta energía de vacío para transmitir remotamente una intención de curación.

Fui a sentarme al lado de Morris. Estábamos apasionados con la explicación de Claude. Había visto al Sanador curar a distancia, a través de la pantalla de un teléfono inteligente.

Se lo pido como una buena periodista:

—Pero, Claude, ¿cuál es el vínculo con el amor, con lo espiritual, lo religioso y Dios?

—Lo espiritual está muy presente. Así, Lao Tzu, el fundador del taoísmo, define el vacío, en oposición al universo sensible, como lleno de potencialidad. Sin embargo, la interpretación pictórica de la teoría cuántica de campos relativista describe el vacío como un burbujeo de partículas virtuales. En términos más generales, se podría imaginar una correspondencia entre el vacío taoísta y los campos cuánticos relativistas, o incluso en la física cuántica no relativista, ya que se puede considerar que las propias partículas pasan por un estado potencial cuando no se observan.

—La estoy siguiendo, Claude —intervino el Sanador — conoce esta frase del Padre Pierre Teilhard de Chardin:

"¡Lo que nuestro siglo está a punto de experimentar es más significativo que la aparición del budismo! Ya no se trata de la aplicación de las facultades humanas a tal o cual deidad. Es el poder religioso de la tierra el que está sufriendo una crisis definitiva en nosotros: la de su propio descubrimiento. Estamos empezando a comprender, y esto es para siempre, que la única religión aceptable para el hombre es la que le enseñará primero a reconocer, amar y servir apasionadamente al universo del cual es el elemento más importante."

—Y sí —dije— como el amor, ¡volvemos a él! ¿Pero qué más? ¿Conocen «El Profeta», de Khalil Gibran?

"El amor solo da de sí mismo y solo toma de sí mismo.

El amor no posee, y no quiere ser poseído.

Porque el amor es suficiente para el amor.

Cuando se ama, no se debe decir: "Dios está en mi corazón", sino: "Yo estoy en el corazón de Dios".

Y no creas que puedes guiar el curso del amor, porque el amor, si te encuentra digno, guiará tu curso."

Me miran sonriendo, estaban resplandecientes.

—¡Sáquenme de dudas! ¿Y si estas personas no son personas?

Su sonrisa es tan cálida que estallo en lágrimas, abrumada por la emoción de estar entre ellos y la felicidad de estar en los brazos de Morris.

—Pero, señor, ¿qué hay de la historia de Claire? ¡Tenía que recordárselo!

—¡Oh, sí, por supuesto! Gracias por recordármelo.

»Esa historia es un buen ejemplo de las personas que no son personas, esas que tanto le intrigan…

»El restaurante de Claire estaba en la orilla de un lago, a la entrada de un pueblo famoso por sus aguas; fue durante una visita a una amiga que la conocí. Las mesas frente a la bahía estaban iluminadas por el sol poniente y en esta noche de sábado de verano deberían haber estado llenas de clientes, lo que, desgraciadamente, estaba lejos de ser verdad. Conociendo bien a mi amiga, Paula, pronto me di cuenta de que no había venido solo a cenar y disfrutar de la vista. Al final del servicio, Claire vino a sentarse con nosotros.

"Estuvo excelente, señora… puedo sentir su angustia… como dicen: "*Los amigos de mis amigos son mis amigos*". Estoy a su disposición para ayudarle."

"Gracias, señor. Pero por favor, llámeme Claire. Le había pedido a Paula que no le dijera nada para dejar libre su percepción. Como puede ver, el restaurante está casi vacío y el personal no se queda… Los cocineros van y vienen y a menudo acabo sola en la cocina, lo que provoca grandes retrasos en el servicio. Y aunque el lugar es bonito, los clientes no vuelven. Estoy maldita. Por no hablar del cansancio. Estoy criando sola a mi niña. No entiendo lo que está pasando."

"¿Lleva mucho tiempo en este negocio?"

"¡No, solo un año! Antes tenía un restaurante al que le iba bien, pero me sedujo la belleza de este local y su ubicación, lo que me permitiría duplicar mis ingresos y vivir en el lugar. Así que vendí mi restaurante y compré este negocio."

"Claire solía ser una joven viva y llena de energía", había interrumpido Paula, "pero ahora es como si se hubiera apagado, no la reconozco…

»Maldita, le digo, señor", repite Paula. "Y yo me conozco, soy del sur. Escuché que la persona que estuvo aquí antes practicaba alguna forma de magia negra, este hombre fue despedido por la junta del vecindario. De hecho, quería quedarse y estaba enfadado por tener que irse. Venga señor, le mostraré el lugar. ¡Ya verá usted mismo lo que percibe!”

»Y, mis queridos amigos, la visita fue concluyente: el interior del restaurante, desde la cocina hasta la recepción, estaba habitado por entidades negativas convocadas por el antiguo operador. Esas personas que no eran personas, ¿no es cierto, Anna? …

—Entonces, señor, ¿qué hizo?

—Coloqué cristales de cuarzo claro en todos los lugares donde se necesitaban, Anna, y les di un collar de cristal a Claire y Paula con la instrucción de pronunciar oraciones. Cada una de estas oraciones debe ir acompañada de una vibración de amor muy fuerte para estas criaturas que a menudo están en la oscuridad. Empezamos la primera noche y puedo decir que la vibración se purificó considerablemente.

El Sanador se levantó y se vino a apoyar en la mesa junto a Claude.

—¿Qué sabes de los cristales? —dijo.

—¡Mira! Todos llevamos los cristales que nos diste, ¡cuarzo claro! —dijo Salomé.

De hecho, yo tenía el mío alrededor del cuello, largo y montado con agarres de plata, similar al de Morris y al del Sanador. Salomé y Claude portaban, cada una, cristales transparentes engarzados en hilo de oro, que llevaban en forma de anillo.

Para mi sorpresa, Morris se levantó para ir a reunirse con el Sanador y Claude vino y se sentó junto a Salomé. La belleza de su figura y el grafismo de sus largas piernas, en contraste con el color de su piel, eran magníficos y me recordaban una foto surrealista de Guy Bourdin.

Hay tanta belleza en este mundo para los que saben observar, y yo estaba mirando a Morris: era hermoso, tomándose su tiempo para desplegar una hoja de papel impresa que había sacado del bolsillo interior de su chaqueta.

—¡Amigos míos! —dice Morris— Mr. Healer me ha pedido que les presente algunos elementos sobre el cristal que favorecemos y portamos.

—El cuarzo claro.

Morris me sonrió, se aclaró la garganta y comenzó a leer:

—El cuarzo claro funciona en tres niveles:

»Amplificación de la energía

»Capacidad para recibir una programación

»Capacidad de memorización.

»Se puede programar a través de la intención enfocada para ayudarnos a alcanzar nuestros objetivos en nuestra vida interior y exterior.

»Las **palabras clave** son: programable, amplificación de las intenciones, expansión de las energías del ambiente, limpieza, sanación, mejora de la memoria y de los chakras.

»Con un cuarzo claro durante la *meditación*, podemos visualizar una imagen de nuestra intención o resultado deseado dentro del cristal y esto tendrá un poderoso efecto de amplificación psíquica.

»Después de una sesión de este tipo, especialmente si practicamos la misma programación una y otra vez con el mismo cristal, muchos eventos internos y externos parecerán ocurrir en sincronía para lograr la manifestación de nuestro deseo.

»El hecho de que el cristal programado *recuerde* el poder de nuestro deseo y lo amplifique puede ayudarnos en gran medida a *mantener el patrón* de energía el tiempo suficiente y con la fuerza necesaria para que se produzca la manifestación.

»**El cuarzo claro** es una piedra de luz, dando a quien medita con ella una mayor claridad espiritual. Proporciona un corredor claro para las frecuencias vibratorias.

»Dormir con un cuarzo claro puede aumentar la claridad de los sueños y sostener un cuarzo claro suele intensificar la experiencia de la **meditación**.

»**El cuarzo claro** se puede utilizar para amplificar las energías de otras piedras, para hacer herramientas y mallas de energía.

»Es una herramienta para sanar, expandir la conciencia, abrir los chakras, equilibrar las polaridades, comunicarse con los guías, recordar vidas pasadas y todo lo que puedas imaginar.

»Somos seres ilimitados, en nuestra mente y espíritu.

»¡Incluso podemos programarlo para potenciar nuestra imaginación!

»¡También sirve para despejar y limpiar nuestras propias energías!

»El cuarzo claro es un aliado cardinal del elemento Tormenta, que trabaja en todos los niveles del cuerpo energético y físico, y resuena con todos los chakras.

»Como tal, es más activo en el sistema nervioso y los tejidos conectivos del cuerpo. Su estructura y su gama de frecuencias le permiten amplificar cualquier energía con la que resuene. Es, por tanto, un excelente aliado para el trabajo de curación y oración.

»El cuarzo claro encarna los conceptos de claridad y la utilidad de convertirse en un canal para la luz de la Divinidad.

»Así, introduce un pensamiento y un propósito claros en nuestras mentes y corazones, y puede ayudarnos a superar la confusión.

»Ayuda a establecer un fuerte vínculo con la guía superior, amplificando la comunicación en los planos elevados.

»Puede utilizarse para mejorar la comunicación telepática y estimular la visión paranormal.

»Los cristales de cuarzo transparente son dispositivos de almacenamiento que pueden ser «programados» o dirigidos para resonar con cualquier pensamiento o emoción que deseemos transmitir con más fuerza al mundo.

»Una vez que un cristal ha sido programado de esta manera, continuará resonando con ese pensamiento, oración o emoción, difundiendo continuamente esa energía a través del campo electromagnético de la Tierra y hacia los reinos etéricos.

»En el plano espiritual: El cuarzo claro promueve la claridad en todos los niveles. Podemos utilizarlo para mejorar la comunicación con los guías y amplificar las habilidades paranormales. Funciona para estimular y abrir los chakras y las vías del cuerpo, lo que da como resultado un campo áurico más amplio e iluminado.

»En el plano emocional: El cuarzo claro es emocionalmente neutro, pero amplifica cualquier emoción con la que resuene.

»En el plano físico: El cuarzo claro estimula el sistema nervioso y el crecimiento de las uñas y el cabello. Puede ayudar a eliminar las adherencias en el tejido conectivo.

Morris guardó la hoja de papel en el bolsillo interior de su chaqueta y nos dijo:

—Ahí lo tienen, queridos amigos, un resumen de lo que he podido reunir sobre el cristal de cuarzo claro, investigado en varias fuentes, y por supuesto, corregido y comprobado por el Sanador.

Le aplaudíamos calurosamente y este hombre, este valiente e intrépido luchador, había empezado a sonrojarse como una tímida jovencita.

Conmovida, me levanté y le tendí los brazos. Después de darnos un saludo con las manos juntas, vino y se sentó a mi lado.

Sobre la mesa había pequeños libros azules con las palabras «Salmos de David» escritas en ellos.

Y una botella de champán, el sushi y las copas nos esperaban.

El Sanador tomó uno de los pequeños libros azules en su mano y nos dijo…

— Amigos míos, ¡la oración es LA VIBRACIÓN!

»Recomiendo especialmente el Salmo de David, el número 23, con su energía cabalística infinitamente poderosa, que encontrarás en los libros que tienes delante.

»Propongo que lo recitemos juntos para aportar a nuestra velada un alimento espiritual a la altura del que nos espera, que es bastante material.

"El Señor es mi pastor; nada me faltará.

Me hace acampar en verdes praderas, me conduce junto a aguas calmadas.

Él restaura mi alma; me guía por los senderos

de la justicia, en favor de Su nombre.

Aunque pase por el valle de la sombra de la muerte, no temeré ningún mal, porque tú estás conmigo;

Tu ayuda y tu apoyo me consolarán.

Preparas una mesa ante mí en presencia de mis enemigos; unges mi cabeza con aceite, y mi copa está llena a rebosar.

Sí, el bien y la gracia me acompañarán hasta el final de mi vida, y habitaré en la casa del Señor hasta el fin de mis días."

Nos pusimos de pie, muy conmovidos, aferrados el uno al otro.

El Sanador, con las manos cruzadas, nos miró durante mucho tiempo…

Sus ojos brillaban de amor.

Mágicamente, viniendo de otro lugar, escuchamos la voz de *Leonard Cohen* cantando…

- «Aleluya»-

ÍNDICE DE CONTENIDOS

Made in the USA
Columbia, SC
07 October 2022